PETIT MANUEL D'ÉGYPTO

EGYPTOLOGY™

MISS ÉMILY SANDS
VOUS INVITE À DÉCOUVRIR

LES TRÉSORS DE L'ÉGYPTE ANCIENNE

TICKET SPÉCIAL
UNE PERSONNE
ACCÈS ILLIMITÉ

MILAN jeunesse

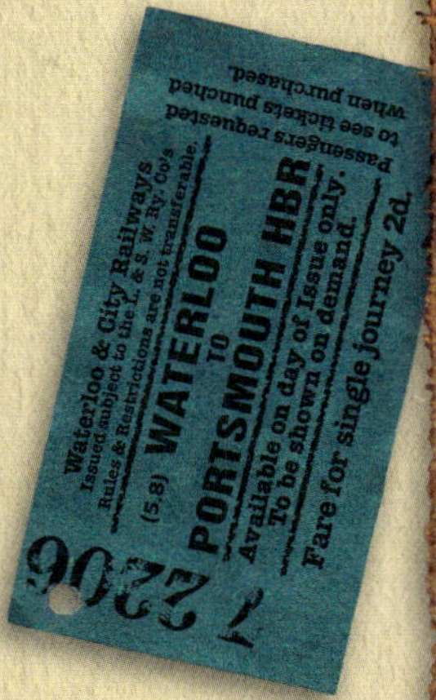

A gauche, le Sphinx veille sur le plateau de Gizeh. Cette statue colossale, avec un corps de lion et une tête d'homme, a été deux fois ensevelie par le sable. Et deux fois, elle a été sauvée. Vers 1490 av. J.-C., elle fut dégagée par le futur roi Thoutmosis IV; puis, en 1925, par l'ingénieur français Emile Baraize.

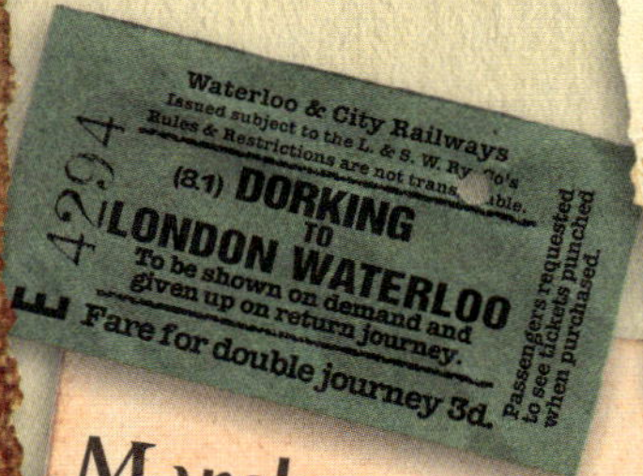

Conçu et réalisé par The Templar Company Plc
Pour le texte et la maquette

Conception de Jonathan Lambert et Nghiem Ta
Première publication au Royaume-Uni
en 2005 par Templar Publishing sous le titre:
Wonders of Egypt - A course in Egyptology

300, rue Léon-Joulin, 31101 Toulouse Cedex 9 - France
www.editionsmilan.com
Traduction: Julia Trinson
Réalisation de l'édition française:
Isabelle Dumontaux et Cécile Petit

Dépôt légal: 3e trimestre 2006 - ISBN: 2-7459-2202-5
Imprimé en Chine

Note de l'éditeur: Quand ils reçurent, en 2004, le manuscrit d'*Égyptologie* envoyé par Joanna Sutherland, les éditeurs pensaient qu'il n'existait pas d'autre ouvrage d'Émily Sands, qui disparut lors d'une expédition remontant le Nil en 1927. On a découvert depuis qu'un des détectives employés par Lady Farncombe pour enquêter sur la disparition de Sands avait trouvé un autre livre, qu'Émily avait préparé à l'attention de son neveu et de sa nièce. Néanmoins, l'éditeur ne peut toujours pas attester de l'existence même d'une Miss Sands, et les lecteurs devront encore une fois décider eux-mêmes si son histoire est vraie ou s'il s'agit d'une habile invention.

Un des colosses de Memnon, rive ouest du Nil, Louxor.
Construit vers 1360 av. J.-C. par le roi Aménophis III.

Petit manuel d'égyptologie

PARTIE I: HISTOIRE DE L'ÉGYPTE ANCIENNE

PARTIE II: VIE ET CULTURE EN ÉGYPTE ANCIENNE

PARTIE III: DIEUX ET RELIGIONS EN ÉGYPTE ANCIENNE

ANNEXES

Voici les membres de mon expédition, devant les pyramides.

Photographie du temple du dieu crocodile Sobek à Kom Ombo.

Des timbres égyptiens, pour votre collection.

Le *Bennu Bird*
Le 27 décembre 1926

Mes chers neveu et nièce,

Je suis vraiment désolée de ne pas pouvoir vous rendre visite pendant les vacances de Noël, j'aime tellement ces moments joyeux que nous passons ensemble tous les ans. Comme je vous le disais dans la carte que je vous ai envoyée de Louxor, je suis à la tête d'une expédition qui remonte le Nil en Égypte, à la recherche d'un tombeau perdu. C'est terriblement excitant ! Je voyage à bord d'un voilier à fond plat, le *Bennu Bird*. Nous passons la plupart de nos matinées à visiter des tombeaux et des temples antiques, mais il me reste malgré tout beaucoup de temps libre. Alors, en plus du journal de mon expédition, j'ai écrit un livre pour tout vous apprendre sur l'Égypte ancienne.

Je devrais rester en Égypte jusqu'en mars ou avril, mais si tout se passe bien, je pourrais rester plus longtemps. Je dois vous laisser maintenant, car mon bateau va accoster à Edfou, près du fameux temple d'Horus. N'oubliez pas de dire bonjour à Lady Amanda, ainsi qu'à Papa et Maman de ma part. Dites-leur que je leur enverrai une carte dès que j'aurai du nouveau !

Je vous embrasse,

Emily

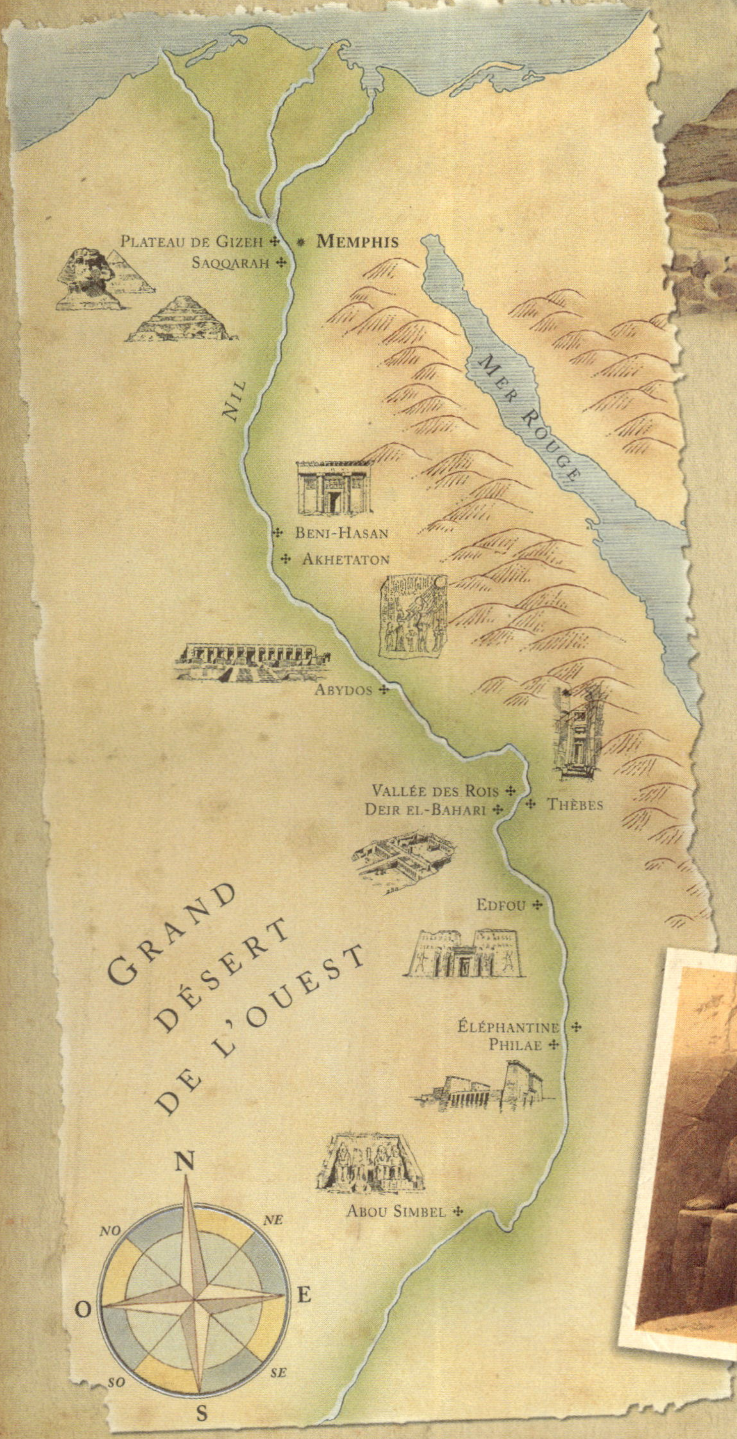

Entrée à hypostyle, à Karnak

Temple de Ramsès II, Abou Simbel

Partie I.

L'histoire de l'Egypte ancienne

Il y a près de cinq mille ans, les terres bordant la partie septentrionale du Nil furent unifiées pour la première fois sous un roi unique, connu sous le nom de Narmer. Dieu vivant pour son peuple, Narmer fut le premier d'une grande lignée de pharaons. Sous leur règne, la terre d'Égypte devint le foyer d'une des civilisations les plus impressionnantes que le monde ait jamais connues. Comme vous pouvez le constater grâce à la chronologie de l'Égypte ancienne pages 74 et 75, cette culture s'est maintenue sous une forme presque immuable pendant plus de trois mille ans.

Obélisque de Thoutmosis I

« Mes remarques sur l'Egypte seront longues, car aucun autre pays ne possède autant de merveilles, ni autant d'ouvrages dont la description est un défi. »

Histoires, Hérodote, 440 av. J.-C.

Leçon 1

Les origines de l'Egypte jusqu'à 2650 av. J.-C.

L'Égypte fut habitée bien avant les pharaons. Les archéologues ont trouvé les traces d'hommes installés en groupes et des restes de poteries fines, de bijoux et d'outils en silex. Ces hommes commencèrent à élever des animaux, mais aussi à faire la guerre, se battant pour contrôler cette bande de terre si prisée sur les rives du Nil.

D'après certaines sources historiques, Narmer, un roi de Hiéraconpolis, unifia la haute Egypte, située au sud du Caire actuel, avec la basse Egypte, située au nord du Caire et qui comprend le delta du Nil. Premier roi historique de l'Egypte, il fonda la première des trente dynasties de rois égyptiens. Son règne commença aux alentours de 2900 av. J.-C.

A droite : Palette représentant le roi Narmer battant un ennemi. Certains disent qu'elle commémore l'unification de l'Egypte.

A gauche : Tête de faucon dorée venant de Hiéraconpolis.

ORIGINES LÉGENDAIRES

Personne ne sait si Narmer et Ménès, connu pour avoir unifié l'Égypte, sont la même personne ou s'ils ont participé tous deux à la même légende.

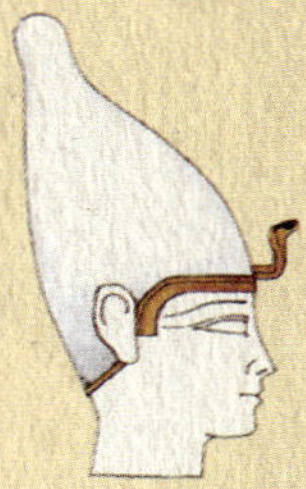

Couronne blanche

Couronne rouge

Depuis des temps très anciens, le roi d'Egypte portait une couronne symbolisant son règne sur les deux parties de l'Egypte. Pour créer cette double couronne, on imbriquait la couronne traditionnelle blanche de la haute Egypte dans la couronne rouge de la basse Egypte.

Couronne double

ACTIVITÉ: Vous pouvez voir sur la chronologie des pages 74 et 75 que l'histoire de l'Égypte ancienne se divise en trois périodes principales: l'Ancien Empire, le Moyen Empire et le Nouvel Empire. Voici les noms de certains rois de l'Ancien Empire, avec leurs dates de règne. Pouvez-vous les remettre dans l'ordre, en commençant par le plus ancien?

Khéphren	2520–2494 av. J.-C.	Mykérinos	2490–2472 av. J.-C.
Snéfrou	2575–2551 av. J.-C.	Khéops	2551–2528 av. J.-C.
Djedefrê	2528–2520 av. J.-C.		

RÉPONSE: Snéfrou; Khéops; Djedefrê; Khéphren; Mykérinos.

Leçon 2

L'Ancien Empire : de 2650 à 2150 av. J.-C.

Les premières dynasties de rois d'Égypte étaient très puissantes. Le roi était considéré comme le seul à pouvoir s'adresser aux dieux et ainsi assurer la paix et la stabilité à travers le pays. Pour comprendre la force et l'influence de ces rois de l'Ancien Empire, il suffit de voir le plus fabuleux héritage qu'ils nous ont laissé et qui domine toujours les paysages égyptiens: les pyramides. Les fameuses pyramides de Gizeh ne sont pas nées de l'imagination d'un seul architecte égyptien. Au contraire, plusieurs rois essayèrent différents types de tombeaux, faisant évoluer la forme des pyramides.

Statue représentant un pharaon de l'Ancien Empire, le roi Mykérinos, et la reine Khâmerernebty.

Les illustrations ci-dessous montrent l'évolution de la taille des pyramides, d'abord croissante puis décroissante. Le roi Snéfrou fut le bâtisseur le plus prolifique. Il fit construire trois pyramides, dont deux à degrés.

La pyramide à degrés de Djoser, 2630 av. J.-C. (62 m)

La pyramide de Meidum, Snéfrou, 2600 av. J.-C. (92 m)

La pyramide courbée de Snéfrou, 2600 av. J.-C. (105 m)

La pyramide rouge de Snéfrou, 2600 av. J.-C. (104 m)

Les sables secs de l'Égypte ont gardé bien des secrets au fil des [illegible] levez les rabats pour fouiller ces dunes dans le désert.

ACTIVITÉ: Près de la pyramide de Khéphren se trouve une sculpture géante, le Sphinx. Celui-ci a une tête d'homme et un corps de lion. Pendant des siècles, il est resté enseveli dans le sable. Essayez de trouver le plus d'informations possible sur le Sphinx à la bibliothèque.

La Grande Pyramide de Khéops, 2550 av. J.-C. (147 m)

La pyramide de Khéphren, 2520 av. J.-C. (144 m)

La pyramide de Mykérinos, 2490 av. J.-C. (65 m)

Leçon 3

Memphis et Saqqarah

Les rois de l'Ancien Empire voulaient une ville aussi majestueuse qu'eux-mêmes, et suffisamment centrale pour contrôler tout le pays. Ils construisirent Memphis sur le Nil, où se rencontrent la haute Égypte et la basse Égypte. Le site était bien choisi pour cette ville de pouvoir. Pendant les trois mille ans d'histoire des pharaons, ce fut souvent la capitale.

ACTIVITÉ: Le pharaon vous a ordonné de construire une nouvelle ville. Sur lequel de ces sites vaut-il mieux construire ?

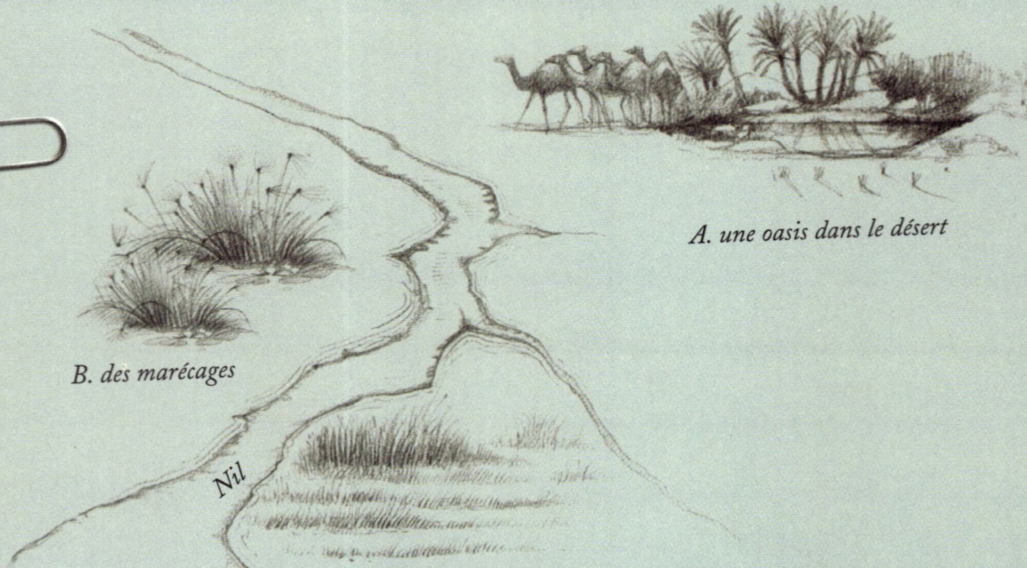

RÉPONSE: Il faut choisir la terre agricole, suffisamment proche du fleuve pour que les marchandises puissent être transportées par bateau. Dans l'oasis, il n'y aurait pas assez d'eau pour une grande ville; les marécages sont trop humides et la ville serait inondée.

SAQQARAH

À Saqqarah, à l'ouest de la nouvelle ville de Memphis, les rois et les nobles firent construire leurs immenses tombeaux. C'est là que le roi Djoser ordonna à l'architecte Imhotep de construire la pyramide à degrés, premier bâtiment de pierre de cette taille.

A droite, la pyramide à degrés du roi Djoser était entourée d'un grand mur qui encerclait des temples et des jardins.

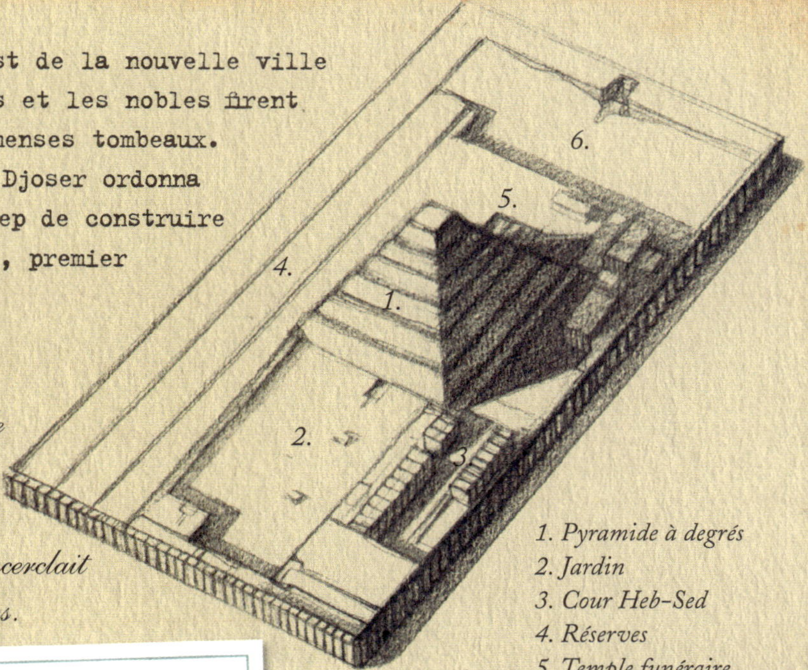

1. Pyramide à degrés
2. Jardin
3. Cour Heb-Sed
4. Réserves
5. Temple funéraire et entrée de la pyramide
6. Cour nord

En 1924, Cecil Firth découvrit à Saqqarah une statue à taille réelle du roi Djoser. Cette statue portait une cape Hed-Sed, identique à celle portée par le roi lors du jubilée, et devait recevoir des offrandes pour le roi défunt.

LA CHAMBRE MORTUAIRE DU ROI DJOSER

La chambre mortuaire était située sous la pyramide à degrés et entourée par un véritable labyrinthe de couloirs sculptés et décorés de hiéroglyphes répétant le nom du roi.

Leçon 4

Les grandes pyramides

Les magnifiques pyramides de Gizeh sont les monuments les plus connus de l'Égypte ancienne. Chaque pyramide faisait partie d'un grand ensemble mortuaire. Il y avait le temple de la vallée, dans lequel on amenait le corps du roi par bateau, juste à côté, une chaussée, que la procession empruntait pour déplacer le corps, et une chambre mortuaire, pour les cérémonies d'enterrement.

LES PYRAMIDES DE GIZEH EN COUPE

Cela fait longtemps que les pyramides de Khéops, Khéphren et Mykérinos ont été ouvertes et pillées. À part les sarcophages en pierre, elles sont maintenant toutes vides. Elles sont en pierre, avec des chambres mortuaires en granit et un joli revêtement en pierre à chaux.

Pyramide de Khéops ou Grande Pyramide

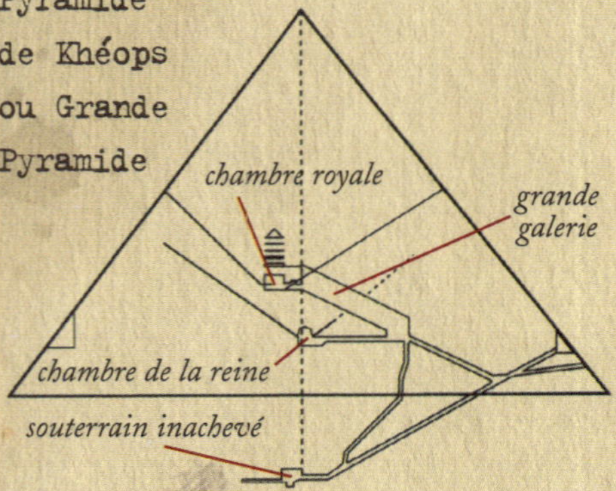

Pyramide de Khéphren

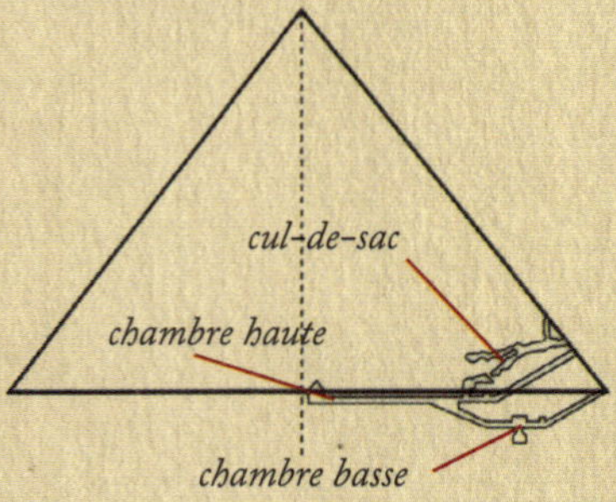

Pyramide de Mykérinos

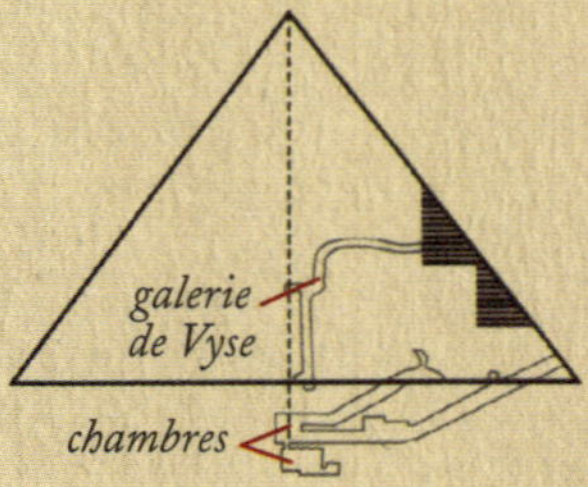

Avec leur beau revêtement, les pyramides devaient être somptueuses durant l'Antiquité ! Malheureusement, la plupart de leurs pierres à chaux ont été utilisées pour reconstruire la ville du Caire après un tremblement de terre.

COMMENT LES PYRAMIDES ONT-ELLES ÉTÉ CONSTRUITES ?

Personne ne sait exactement comment les pyramides ont été construites. Il a fallu pas moins de deux millions de blocs de pierre pour réaliser la Grande Pyramide. Et chaque bloc pèse à peu près deux tonnes et demie ! Voici trois théories, avec chacune ses avantages et ses inconvénients.

THÉORIE 1: Des rampes en terre

Les pierres auraient été tirées le long d'immenses rampes jusqu'à leur emplacement. Mais des rampes comme celles-là auraient nécessité énormément de terre !

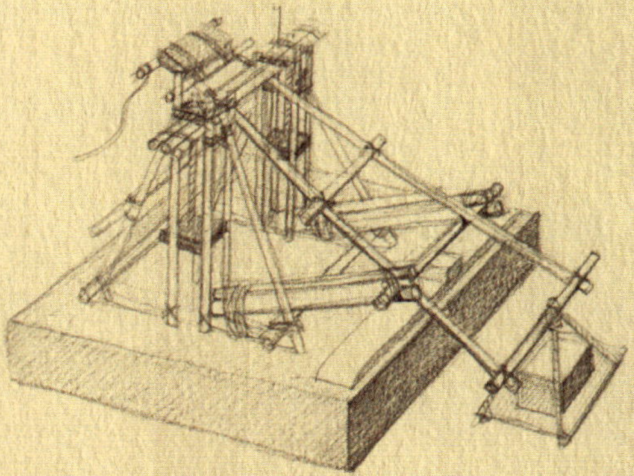

THÉORIE 2: Des poulies et des grues

D'énormes poulies auraient été construites pour hisser chaque pierre. Mais il aurait fallu des poulies incroyablement hautes et solides pour atteindre le haut des pyramides.

THÉORIE 3: Une chaussée en spirale

Des chemins en briques de boue auraient formé une spirale sur les bords de la pyramide. Les pierres auraient été tirées sur des traîneaux. Mais on n'a retrouvé aucune trace de chemins en briques de boue.

ACTIVITÉ: Certaines théories sur la construction des pyramides sont vraiment très étranges. Et vous, quelle serait votre idée ?

Leçon 5

Le Moyen Empire : de 2040 à 1750 av. J.-C.

À la fin de l'Ancien Empire, l'Égypte entra dans la première période intermédiaire. L'Égypte n'était plus gouvernée par un seul roi, la tradition changea et la vie bien ordonnée de l'Ancien Empire fut balayée. Quand les pharaons du Moyen Empire rétablirent l'ordre, la société égyptienne avait bien changé.

Les rois du Moyen Empire venaient de Thèbes. Quand ils arrivèrent au pouvoir, ils importèrent leur dieu local, Amon (ci-dessous). Bientôt, Amon fut considéré comme le roi des dieux et vénéré dans toute l'Egypte.

Même si les rois étaient des sortes de dieux, les gens ordinaires avaient plus de droits que dans le passé, et les plus riches commencèrent eux aussi à faire construire de somptueux tombeaux. La peinture ci-dessus montre l'un de ces tombeaux, taillé dans la pierre, à Beni-Hasan.

PILLEURS DE TOMBEAUX

Pour passer dans l'au-delà, il fallait absolument que le corps momifié et ses précieux biens ne soient pas dérangés. Les constructeurs des tombeaux inventèrent des défenses très ingénieuses contre le vol: de fausses portes, des passages secrets… Malheureusement, la plupart n'ont pas assez bien marché. Une grande partie des tombeaux que l'on fouille actuellement est vide, à l'exception de quelques fragments qui donnent vraiment envie de voir le reste !

ACTIVITÉ: Après une fouille archéologique, vous réalisez que les étiquettes se sont détachées de vos trouvailles. Pouvez-vous identifier ces objets et retrouver leurs explications ?

1.

2.

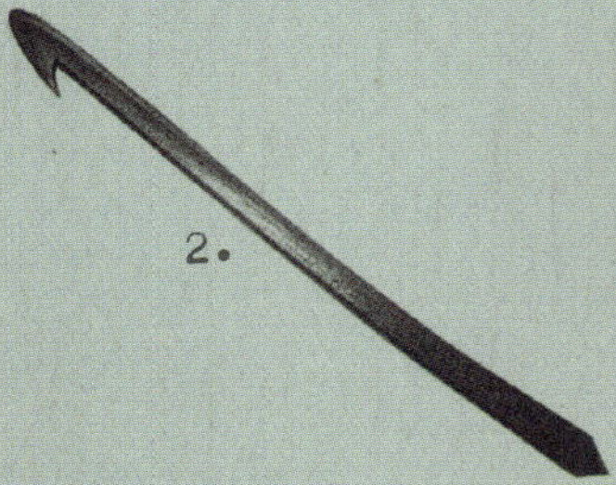

3.

4.

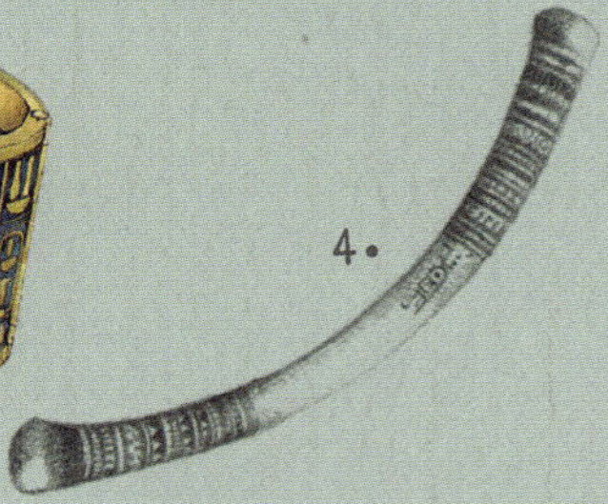

A. Le bâton de jet servait à chasser les oiseaux.

B. Les canopes conservaient les viscères du mort.

C. Un crochet était utilisé pour retirer le cerveau de la boîte crânienne avant la momification.

D. Ce bracelet appartenait à la reine Ahotep.

RÉPONSE: 1-B; 2-A; 3-D; 4-C.

Leçon 6

Textes et tombeaux des pyramides

Les Égyptiens de l'Antiquité croyaient que l'écriture avait un grand pouvoir. Depuis l'époque du pharaon Ounas (à la fin de l'Ancien Empire) et tout au long du Moyen Empire, les murs des chambres mortuaires royales étaient couverts de hiéroglyphes. Il s'agissait de sorts et d'incantations magiques que le roi défunt devait utiliser dans son voyage vers l'au-delà.

On peut lire sur beaucoup de tombeaux le nom de l'occupant plusieurs fois répété. On croyait à l'époque qu'un mort revivrait si on prononçait son nom. Pouvez-vous trouver le nom Pépi écrit quatre fois sur ce hiéroglyphe ?

LES INSCRIPTIONS SUR LES CERCUEILS

Pendant le Moyen Empire, les riches étaient enterrés dans des cercueils en bois, décorés d'écritures de toutes les couleurs. Ces textes étaient aussi des formules magiques et devaient protéger le mort dans l'au-delà.

Cercueil égyptien

L'AU-DELÀ

Les Égyptiens croyaient que ce qu'on voyait sur les murs de leurs tombes existerait aussi dans l'au-delà. Ils faisaient donc bien attention à ce que soit représenté tout ce dont ils auraient besoin pour une vie confortable. Des peintures ou des modèles réduits montraient nourriture, serviteurs ou musiciens.

ACTIVITÉ: Ces images viennent des murs du tombeau d'un riche Égyptien, Ti, qui dirigeait la construction des tombeaux royaux. Qu'espérait-il voir après la mort ?

1.

2.

3.

Représentez de la même manière ce que vous aimeriez voir dans l'au-delà. Vous pouvez ajouter votre nom en hiéroglyphes (regardez pages 50 et 51).

RÉPONSE: 1. Construire des bateaux 2. Chasser l'hippopotame 3. Élever des grues.

Leçon 7

Conte de l'Egypte ancienne

Ce conte du Moyen Empire, *L'histoire du marin naufragé*, fut écrit par Amenaa, fils d'Ameny, «scribe à la main rusée».

J'étais en route sur un beau bateau avec cent cinquante des meilleurs marins d'Égypte, en direction des mines du pharaon. Alors que nous approchions de la terre ferme, le vent se leva et les vagues devinrent énormes. Bientôt, notre bateau fut perdu. Je parvins à m'accrocher à un morceau de bois, mais tous les autres marins se noyèrent.

Les vagues me firent échouer sur une île déserte où je trouvai de la nourriture en abondance: figues, melons, poissons et gibiers. J'allumai un feu et je fis une offrande aux dieux. Tout à coup, il y eut un bruit de tonnerre et la terre trembla. Je vis un serpent gigantesque ! Il était majestueux, bleu comme un lapis-lazuli et couvert d'or. Il se souleva et tandis que je me recroquevillais à terre, il me demanda trois fois: «Qu'est-ce qui t'amène ici, petit homme ? Si tu ne me le dis pas, je te ferai disparaître comme une flamme.»

Je racontai au serpent mon voyage et le naufrage. Il me dit alors: «N'aie pas peur. Si tu es venu à moi, c'est que Dieu t'a gardé en vie et t'a emmené ici, sur cette île bénie.» Il me dit que je demeurerai sur cette île pendant quatre mois, jusqu'à ce qu'un navire arrive, avec des marins de mon pays qui me conduiraient auprès de ma femme et de mes enfants.

Le serpent semblait apprécier la compagnie et conversa longuement avec moi. Il me raconta qu'il vivait sur cette île d'abondance avec sa famille, et qu'ils étaient soixante-quinze serpents au total.

Je m'inclinai devant lui et lui dis qu'il serait récompensé par le pharaon, qui lui offrirait des parfums, des huiles et des navires remplis de trésors. Mais il me sourit simplement et dit: «Je suis le prince de Pount et j'ai déjà toutes ces richesses. Quand tu quitteras mon île, tu ne la verras plus jamais, car elle ne sera plus que vagues.»

Le temps passa et, comme le serpent l'avait annoncé, après quatre mois je vis arriver un bateau. Je grimpai en haut d'un arbre pour voir qui était à bord, puis me précipitai pour le dire au serpent. Il savait déjà qu'un bateau approchait : «Adieu, adieu ! Rentre chez toi, petit homme. Dans deux mois, tu seras de retour. Embrasse tes enfants, et que ton nom soit béni parmi les tiens.»

Je m'inclinai et remerciai le serpent, qui m'offrit du parfum, du bois de santal, du kôhl, de l'encens et de l'ivoire. Je descendis sur la berge et trouvai les marins qui m'embarquèrent sur leur bateau.

Comme le serpent l'avait prédit, nous arrivâmes chez moi au bout de deux mois. Je rencontrai alors les courtisans du pharaon, je pus présenter les cadeaux du serpent à ce dernier, et conter mon histoire devant toute la cour.

ACTIVITÉ: Ce conte est l'un des plus connus de l'Égypte ancienne. Il y a aussi l'histoire de Sinouhé. Essayez de la découvrir à la bibliothèque.

Leçon 8

Le Nouvel Empire : de 1550 à 1070 av. J.-C.

Après le Moyen Empire, l'Égypte fut dirigée par les rois Hyksos. Ils introduisirent le cheval, le char et de nouvelles armes en bronze, qui furent très utiles pour dominer le Nouvel Empire. Ces rois voulaient à tout prix que l'Égypte soit la plus puissante du monde. Ils firent la guerre à leurs voisins jusqu'à ce qu'elle soit l'empire le plus influent.

Ramsès II dans son char de guerre

LA FEMME PHARAON

Tous les rois du Nouvel Empire n'étaient pas des guerriers. À la mort du roi Thoutmosis II, c'est sa veuve, Hatshepsout, qui fut régente. Pendant quinze ans, elle dirigea seule le pays.

Le temple funéraire d'Hatshepsout, construit près de la Vallée des Rois, est toujours impressionnant.

Hatshepsout ne fut pas la seule femme pharaon, et comme toutes les femmes qui ont régné, elle portait une fausse barbe.

APRÈS LE NOUVEL EMPIRE: ALEXANDRE Ier

À la fin du Nouvel Empire, l'Égypte fut à nouveau sous l'influence de dirigeants étrangers. Les Égyptiens n'aimaient pas les Perses, qui dominèrent le pays jusqu'en 332 av. J.-C., si bien qu'ils accueillirent Alexandre le Grand comme un libérateur lorsqu'il les vainquit. Alexandre le Grand fonda Alexandrie, qui devint une capitale de la culture et du savoir grâce à son musée et à sa fameuse bibliothèque.

Pièce à l'effigie d'Alexandre le Grand

Le temple d'Horus, à Edfou, fut reconstruit par le successeur d'Alexandre, Ptolémée Ier, fondateur d'une nouvelle dynastie de pharaons grecs.

CLÉOPÂTRE

Cléopâtre VII, l'une des reines les plus célèbres de l'Égypte, hérita du trône au moment où l'Empire romain encerclait l'Égypte. Intelligente et ambitieuse, elle eut des liaisons avec Jules César et Marc Antoine. On dit qu'après la défaite d'Antoine elle se tua pour ne pas être humiliée par les Romains. Sa mort entraîna la fin de l'Égypte ancienne.

Un portrait de la reine Cléopâtre

ACTIVITÉ: Dessinez une pièce représentant le règne de Cléopâtre, avec son effigie sur une face et un épisode de sa vie sur l'autre.

Leçon 9

La Vallée des Rois

Les tombeaux des pharaons du Nouvel Empire se situent près de Louxor, sur la rive droite du Nil, dans la Vallée des Rois. La plupart de ces tombeaux furent pillés, leurs trésors volés et les momies enterrées ailleurs. Mais l'égyptologue Howard Carter était persuadé qu'un tombeau n'avait pas encore été découvert. Il passa des années à chercher et à fouiller, jusqu'en 1922, où il découvrit un mystérieux escalier en pierre: l'entrée d'un tombeau.

Carter fit un trou dans la porte du tombeau et put en voir l'antichambre. Il fut stupéfait de voir que son contenu était pratiquement intact et qu'il y avait « des animaux, des statues et de l'or : partout l'or scintillait ».

Ce superbe masque mortuaire en or massif est un portrait du roi Toutankhamon.

À L'INTÉRIEUR DU TOMBEAU

Des voleurs, interrompus, avaient fui en laissant derrière eux linge, boîtes à bijoux, bagues en or et parfums. Mais dans la chambre funéraire, le roi Toutankhamon reposait toujours dans ses trois cercueils.

Les sarcophages extérieurs étaient recouverts d'or.

Le sarcophage intérieur était en or massif et pesait 110 kg !

On raconte qu'une « malédiction de la momie » protège les tombeaux des pharaons. La mort de Lord Carnarvon peu après l'ouverture de la tombe de Toutankhamon serait la preuve de cette malédiction. En tout cas, au moment où j'écris ces mots, en 1926, Howard Carter et ses assistants semblent se porter à merveille...

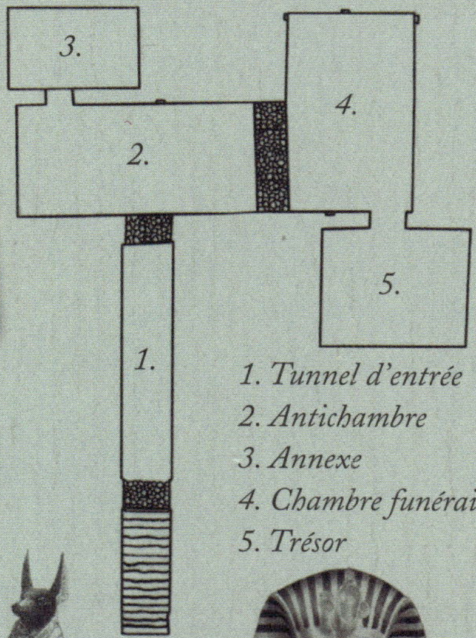

1. *Tunnel d'entrée*
2. *Antichambre*
3. *Annexe*
4. *Chambre funéraire*
5. *Trésor*

ACTIVITÉ: Placez ces trois objets dans les pièces du tombeau où Howard Carter les a trouvés.

Lit en forme de vache

Gardien du trésor

Masque mortuaire

RÉPONSE: Gardien du trésor - trésor; Lit en forme de vache - antichambre; Masque mortuaire - chambre funéraire.

Cette carte montre les ressources de l'Egypte ancienne. Les Egyptiens importaient aussi beaucoup de choses : du bois du Liban, de l'ivoire d'Assyrie, de l'huile d'olive de Crète et de l'encens de Pount.

Partie II.

Vie et culture en Egypte ancienne

« Un homme modéré surmonte tous les obstacles. Celui qui se force à travailler toute la journée ne connaîtra jamais un moment d'amusement, mais celui qui s'amuse toute la journée ne pourra conserver sa fortune. »

La Sagesse de Ptah-Hotep, vers 1900 av. J.-C.

L'histoire de l'Égypte ancienne ne se réduit pas aux rois et aux reines. Pendant des milliers d'années, la culture qui se développa sur les rives du Nil fut parmi les plus raffinées du monde. L'Égypte était riche en ressources naturelles et celles qui lui manquaient, comme le bois ou l'huile d'olive, pouvaient être importées des pays voisins. C'est ce qui permit qu'une civilisation cultivée se développe.

En fouillant d'anciens villages, comme Deir el-Medineh sur la rive ouest du Nil, en face de Louxor, on a découvert qu'une grande partie de la population savait lire et écrire, y compris un certain nombre de femmes.

Leçon 10

La vie au bord du Nil

Le rythme du Nil influençait beaucoup la vie des Égyptiens. Tous les ans, le fleuve traversait une période de crue, au cours de laquelle l'eau montait et recouvrait les terres cultivées. Quand il se retirait, les champs étaient couverts d'une boue noire et fertile. Mais quand le Nil montait trop haut, il faisait des dégâts, emportant les maisons. Et si le niveau de l'eau était trop bas, tout le pays souffrait de la famine, à cause des mauvaises récoltes.

Les Egyptiens appelaient leur pays Kemet ou « terre noire ». Le vaste désert qui s'étendait au-delà de cette bande fertile noire était appelé Desheret ou « terre rouge ».

Hapi, le dieu du Nil en crue. Bien en chair, il représente la générosité du fleuve.

LE *BENNU BIRD*

Les Égyptiens étaient d'excellents constructeurs de bateau. Le voilier à fond plat (*dahabieh*) que nous avons loué, le *Bennu Bird*, est la version moderne de ces bateaux antiques.

Beaucoup d'épisodes de la mythologie égyptienne sont liés au Nil. A droite, une scène représentée sur les murs du temple d'Edfou montre Horus combattant Seth, son ennemi, qui s'est transformé en hippopotame.

ACTIVITÉ: Les Égyptiens réservaient certaines tâches aux périodes de crue tandis que d'autres se pratiquaient pendant la décrue. Quelles activités vaut-il mieux pratiquer quand le Nil est en crue, et lesquelles sont plus faciles lorsque le niveau de l'eau est au plus bas ?

Construire des pyramides

Planter des graines

Moissonner

Faire la guerre

RÉPONSE: Il vaut mieux construire des pyramides et faire la guerre quand le fleuve est en crue, puisqu'on ne peut rien cultiver à ce moment-là, tandis qu'on doit planter et moissonner avant la crue.

La nourriture égyptienne

Les riches Égyptiens aimaient organiser des festins. Au menu: civet de pigeon, cailles rôties, gâteaux au miel et aux épices, et baies fraîches. Bien sûr, tout le monde ne mangeait pas aussi bien, mais beaucoup avaient une alimentation variée: viande, poisson, œuf, fromage, raisin, figue, melon, oignon, ail, poireau et laitue.

La fabrication du pain

LE PAIN QUOTIDIEN
Pour les Égyptiens de classe moyenne, le pain était l'aliment le plus important. Parfois, les travailleurs étaient payés en céréales. Moudre l'orge ou le blé pour avoir de la farine tous les jours était un travail pénible, généralement réservé aux femmes.

LE POISSON
Le Nil était rempli de poissons et quand l'eau refluait, certains restaient sur les rives.
On les grillait sur-le-champ ou alors on les conservait en les séchant ou en les salant.

LA CHASSE

Certains pharaons chassaient l'éléphant. Mais ils préféraient traquer des animaux comestibles, comme les lièvres, les antilopes, les gazelles et toutes sortes de gibiers d'eau et d'oiseaux.

Le brassage de la bière

LA BIÈRE

La plupart des Égyptiens buvaient de la bière. C'était une boisson bien plus saine que l'eau sale du Nil, qui pouvait rendre malade. Les riches consommaient aussi du vin.

ACTIVITÉ: Essayez de réaliser cette recette connue des pharaons.

HOUMOUS

300 g de pois chiches cuits
le jus d'un citron
deux gousses d'ail
huile de sésame
1/2 cuil. à café de sel

Écrasez les pois chiches cuits, puis ajoutez le jus de citron, le sel et l'ail coupé en morceaux. Mélangez avec autant d'huile de sésame que nécessaire pour que la pâte soit assez onctueuse. Ce plat délicieux était déjà apprécié il y a des milliers d'années.

Leçon 12

Les vêtements égyptiens

Les Égyptiens prenaient grand soin de leur apparence. La plupart des vêtements étaient en lin. Il y avait aussi bien de simples robes droites que des toges richement décorées et plissées. Les riches se rasaient la tête et portaient des perruques élaborées pour se protéger du soleil et des poux ! Les enfants avaient des coiffures qui sembleraient très étranges aujourd'hui: filles et garçons avaient le crâne entièrement rasé, sauf une mèche qui pendait près de l'oreille.

Les Egyptiens se parfumaient avec des huiles pour nettoyer et protéger leur peau. Possession prévue pour l'au-delà, une jarre d'huile a été retrouvée dans le tombeau de Toutankhamon.

Lors des fêtes, les hôtes offraient parfois des cônes de cire parfumée à leurs invités. En se réchauffant, les cônes fondaient et coulaient doucement le long des cheveux et du visage des invités !

LE MAQUILLAGE

Hommes et femmes se maquillaient les yeux: le khôl, qui les protégeait du soleil éblouissant, était écrasé sur une palette jusqu'à ce qu'il se transforme en pâte, avant d'être soigneusement appliqué.

LES BIJOUX

Les Égyptiens adoraient les bijoux. Des métaux et des pierres comme l'or, le lapis-lazuli, l'améthyste, la turquoise étaient travaillés et transformés en de somptueux joyaux: bracelets, boucles d'oreilles, colliers et bagues.

A gauche : Statue de la reine Néfertiti.
Ci-dessous : Bracelets ayant appartenu au roi Djer.

ACTIVITÉ: Sur un chantier archéologique, vous trouvez ces objets. Les reconnaissez-vous ?

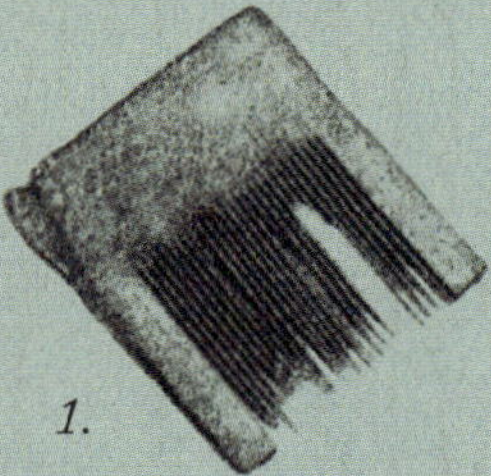

1.

2.

3.

4.

RÉPONSE: 1. un peigne; 2. un miroir; 3. des jarres pour parfums; 4. un bracelet.

Leçon 13

Un village égyptien

Quand les rois du Nouvel Empire commencèrent à faire construire leurs tombeaux dans la Vallée des Rois, ils eurent besoin de travailleurs à proximité. Un village d'artisans fut donc établi à Deir el-Medineh. Lorsqu'on fouilla ce village, on découvrit des fragments de lettres et de listes d'objets écrites par les travailleurs. En lisant ces documents (des listes de lessive, les preuves pour un procès...), on comprend mieux les préoccupations des Égyptiens.

LE PLAN D'UNE MAISON

Deir el-Medineh était entouré d'un mur, avec une entrée au nord. Il y avait une rue principale et environ soixante-dix petites maisons, toutes construites sur le même modèle.

1. Hall d'entrée
2. Pièce principale
3. Cuisine
4. Rangement ou cave
5. Escaliers vers le toit

Voici le plan d'une maison typique de Deir el-Medineh. Ces maisons étaient conçues pour qu'il y fasse le plus frais possible.

LETTRES DE DEIR EL-MEDINEH

Les habitants de Deir el-Medineh étaient des spécialistes: des charpentiers, des sculpteurs, des chaudronniers, mais aussi des docteurs, des scribes et des contremaîtres. On ne sait pas exactement combien d'entre eux savaient écrire et combien demandaient aux scribes d'écrire pour eux. On écrivait sur du papyrus et sur des morceaux de pierre à chaux très fins, les *ostraca*.

A.

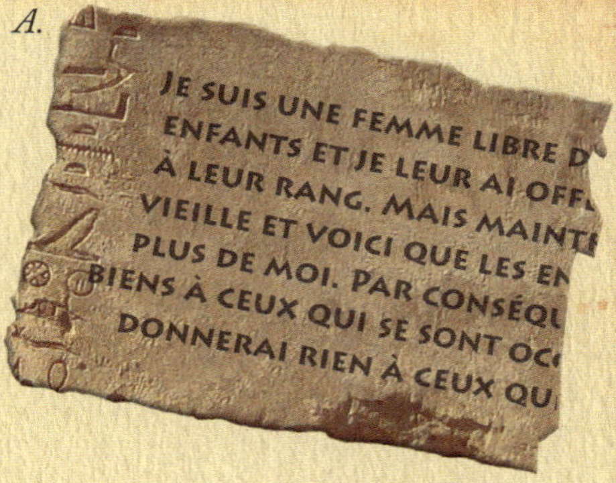

B.

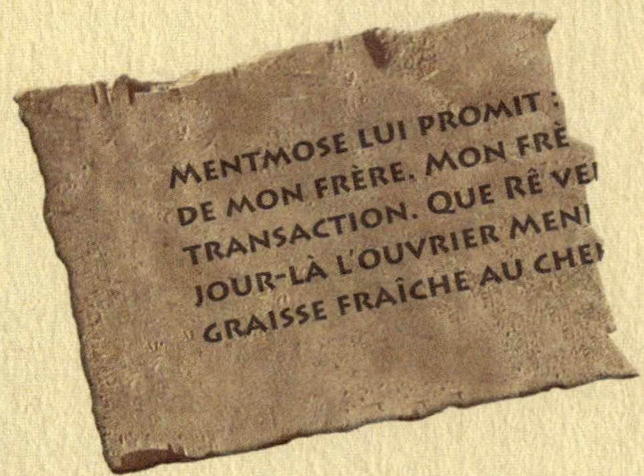

ACTIVITÉ: Quand ces ostraca furent déterrées, certaines, en morceaux, devaient être recomposées. Plusieurs ont été traduites. Pouvez-vous retrouver les morceaux correspondants ?

C.

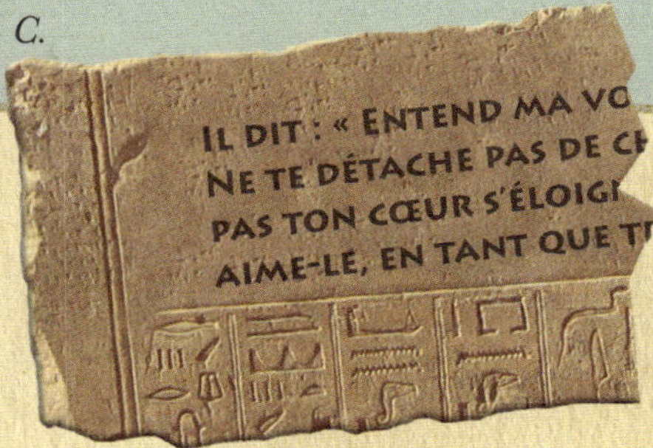

E.

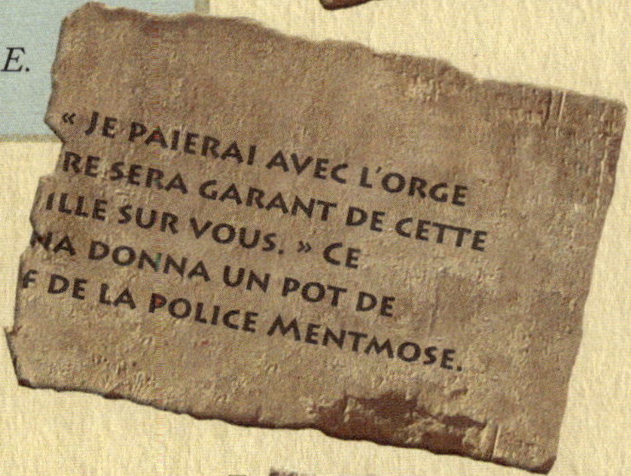

D.

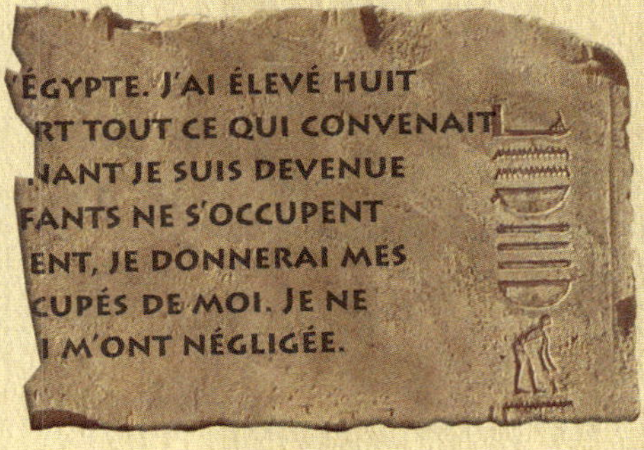

F.

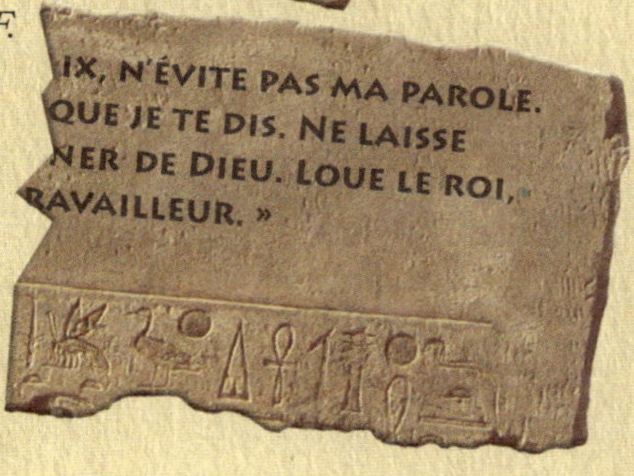

RÉPONSE: A et D, extrait du *Testament de Dame Naunakhte*; B et E, extrait du *Procès de Mentmose*; C et F, extrait de l'*Enseignement d'un homme pour son fils*.

Leçon 14

Les métiers

Beaucoup de métiers en Égypte ressemblaient à ceux qui existent aujourd'hui. On était fermier, soldat, sage-femme, boucher, charpentier, etc. D'autres professions étaient liées aux traditions: embaumeur ou prêtre dans un temple. D'autres encore avaient un rapport avec le gouvernement ou le roi, comme vizir, danseur de palais ou porteur de l'éventail royal du pharaon.

Anubis était le dieu patron des embaumeurs et des guérisseurs.

ACTIVITÉ: Devinez le métier de ces personnes d'après ces inscriptions trouvées sur leurs tombes:

A.
Je sais les secrets des hiéroglyphes et comment mélanger les pigments. Je suis un excellent artisan. Je sais créer la posture d'une statue d'homme et donner de la grâce à une statue de femme, représenter des oiseaux en vol ou la vitesse d'un coureur.

B.
Il comprend les fluides intérieurs et c'est le gardien du corps. Remède pour l'indigestion : écrasez une dent de sanglier et répartissez-la dans quatre gâteaux au miel. Mangez pendant quatre jours.

C.
Sa Majesté demanda que je l'entraîne au maniement des armes, avec six hommes de son palais... Dans la bataille, je gardais l'arrière de l'armée et lorsque nous combattîmes les Asiates, j'attaquai et n'arrêtai pas le combat. Je ne m'enfuis jamais. Sa Majesté me récompensa elle-même : elle me donna un bâton de lancer, un poignard et un fourreau, tous en or.

RÉPONSE: A. Un dessinateur; B. Un docteur; C. Un soldat.

LES TRAVAILLEURS DE L'ÉGYPTE ANCIENNE: MYTHES ET RÉALITÉS

MYTHE: Les Égyptiens utilisaient des milliers d'esclaves pour construire leurs monuments.
RÉALITÉ: L'esclavage était rare en Égypte. Par contre, les gens du peuple devaient consacrer au pharaon une partie de leur vie.

MYTHE: Les femmes ne travaillaient pas en dehors de leur maison.
RÉALITÉ: Beaucoup de femmes s'occupaient de leur maison et élevaient leurs enfants. Mais certaines occupaient des postes particulièrement prestigieux et à responsabilités, y compris celui de pharaon.

MYTHE: Les travailleurs étaient payés en or.
RÉALITÉ: En Égypte, il n'existait pas de monnaie équivalente à la nôtre. On utilisait un système de troc, où on s'échangeait les céréales, l'huile, les animaux ou le cuivre. Par exemple, un porc valait cinq bagues en cuivre.

MYTHE: Les ouvriers travaillaient très dur et n'avaient jamais de vacances.
RÉALITÉ: Des textes trouvés à Deir el-Medineh montrent que les gens avaient deux jours de repos après huit jours de travail, et qu'une journée de travail durait huit heures avec une pause pour le repas. On sait aussi que les ouvriers faisaient parfois la grève.

Leçon 15

Jeux et jouets

Grâce aux trouvailles archéologiques, on sait que les Égyptiens s'amusaient vraiment ! Ils aimaient, bien sûr, les fêtes, la musique et la danse, mais ils pratiquaient aussi toutes sortes de jeux et de sports. Tous, de la famille royale au paysan le plus pauvre, jouaient au jeu de société « chiens et chacals » (qui ressemble un peu à notre jeu de l'oie) et au Senet, même si tout le monde ne possédait pas un plateau de jeu en ébène et en ivoire comme celui de Toutankhamon !

Le Senet se jouait à deux, un peu comme notre backgammon. Le but était de déplacer les pions sur le damier vers les cinq dernières cases, puis de les faire sortir du damier.

Les billes ou « chat perché » nous viennent d'Égypte. Sauter par-dessus les bras de ses adversaires ou jouer à chat assis sur le dos de son coéquipier faisaient également partie des nombreux jeux des petits Égyptiens.

Les jeunes enfants jouaient avec des poupées faites de morceaux de tissu et de papyrus et avec des jouets articulés en bois représentant des animaux, comme ce chat.

Les enfants aimaient très probablement qu'on leur raconte des histoires. On pense que ce papyrus, trouvé à Thèbes, pourrait être le premier livre pour enfants !

ACTIVITÉ: Trouvez votre chemin dans les marécages pour chasser des canards. Vous ne devez pas emprunter une branche qui mène vers un crocodile ou un hippopotame, et vous devez vous méfier de votre vizir–il se cache pour vous tendre un piège afin d'être pharaon à votre place. Réponse sur le dessin de la page 43.

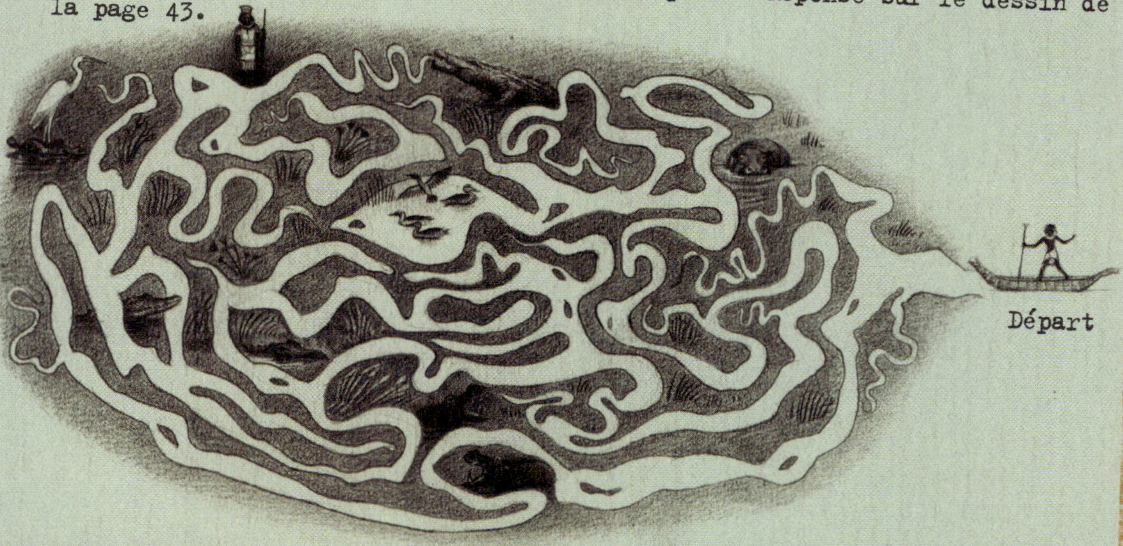

Leçon 16

Voyages et commerce

Les Égyptiens n'aimaient pas particulièrement voyager. Ils pensaient que l'Égypte était le plus beau pays du monde et que s'ils mouraient à l'étranger, ils ne pourraient pas avoir un véritable enterrement égyptien. Pourtant, même si l'Égypte était une riche contrée, certains produits nécessaires y manquaient. On organisait donc des expéditions pour échanger l'or, les céréales et d'autres biens égyptiens contre du bois, des pierres précieuses, des épices, de l'encens, de l'argent et de l'étain.

L'EXPÉDITION À POUNT

La reine Hatshepsout lança une expédition vers un pays africain appelé Pount, qui se trouvait sur la côte de la mer Rouge. Cette contrée abondait en encens, en parfums et en résines, nécessaires pour les rituels au temple et pour la momification.

Hatshepsout était si fière qu'elle voulut que l'expédition fût représentée sur les murs de son temple funéraire à Deir el-Bahari. Les dessins ci-joints sont en fait des copies de croquis réalisés il y a cent ans, car maintenant, dans le temple, les couleurs sont pratiquement effacées.

ACTIVITÉ: Imaginez que vous voyagez à Pount pour acheter 6 peaux d'animaux pour vos prêtres, 20 arbres à encens et 35 pierres précieuses. Calculez la quantité de produits égyptiens (miel, céréales, or et tissu) que vous devrez emmener avec vous.

Biens d'Égypte		Biens de Pount
1 bague en or 1/2 sac de céréales 30 pots de miel 10 chemises en lin	valent	4 arbres à encens 3 peaux de léopard 7 pierres précieuses

RÉPONSE POSSIBLE: Vous pourriez emmener 2 bagues en or à échanger contre 6 peaux de léopard, 2 demi-sacs de céréales à échanger contre 20 arbres à encens et 50 chemises en lin à échanger contre 35 pierres précieuses.

Leçon 17

La vie dans les palais

On en sait plus aujourd'hui sur les tombeaux des Égyptiens que sur leurs palais, qui étaient très souvent en briques de terre. Ils n'étaient pas faits pour affronter l'éternité. Mais grâce à certaines fouilles, on sait que les grands palais des souverains abritaient dans le luxe le roi et sa famille. Les palais étaient aussi le centre du pouvoir et servaient de base à la cour du roi, à son vizir et à tous les nobles qui espéraient gagner les faveurs de la famille royale.

La famille royale – le pharaon Akhenaton, la reine Néfertiti et leurs filles – distribue les « ors de l'honneur » à son élite depuis la « fenêtre des apparitions » dans leur palais d'Akhetaton.

RÉGIR UN PALAIS

Maintenir un grand confort et entretenir tout ce luxe demandait beaucoup de travail aux employés des cuisines, ceux des réserves, des ateliers et des bureaux du palais. Le pharaon avait des centaines, voire des milliers, de serviteurs qui assuraient, chacun à son niveau, le bon fonctionnement de la vie de palais.

ACTIVITÉ: Voici un plan du palais royal du roi Akhenaton. Pouvez-vous y situer ces différentes pièces: chambre royale, salle du trésor, salle de prière et salle du trône ?

RÉPONSE: 1. salle du trône; 2. salle du trésor; 3. chambre royale; 4. salle de prière.

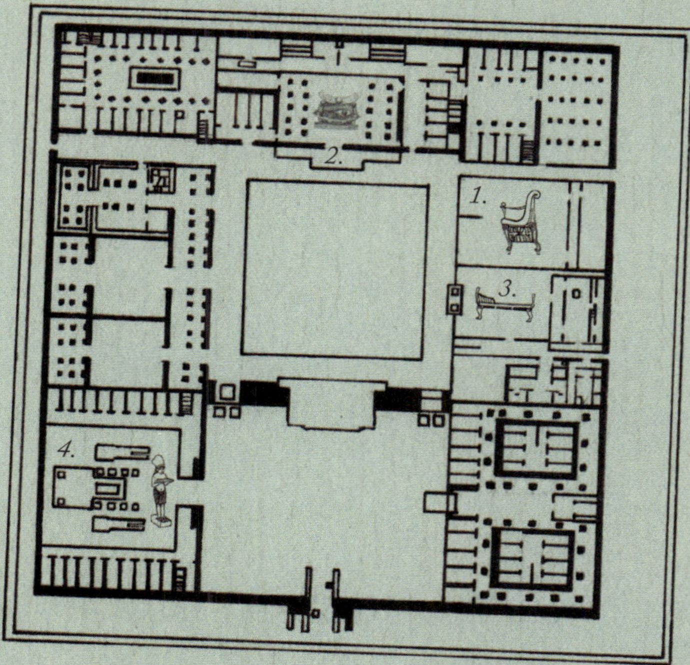

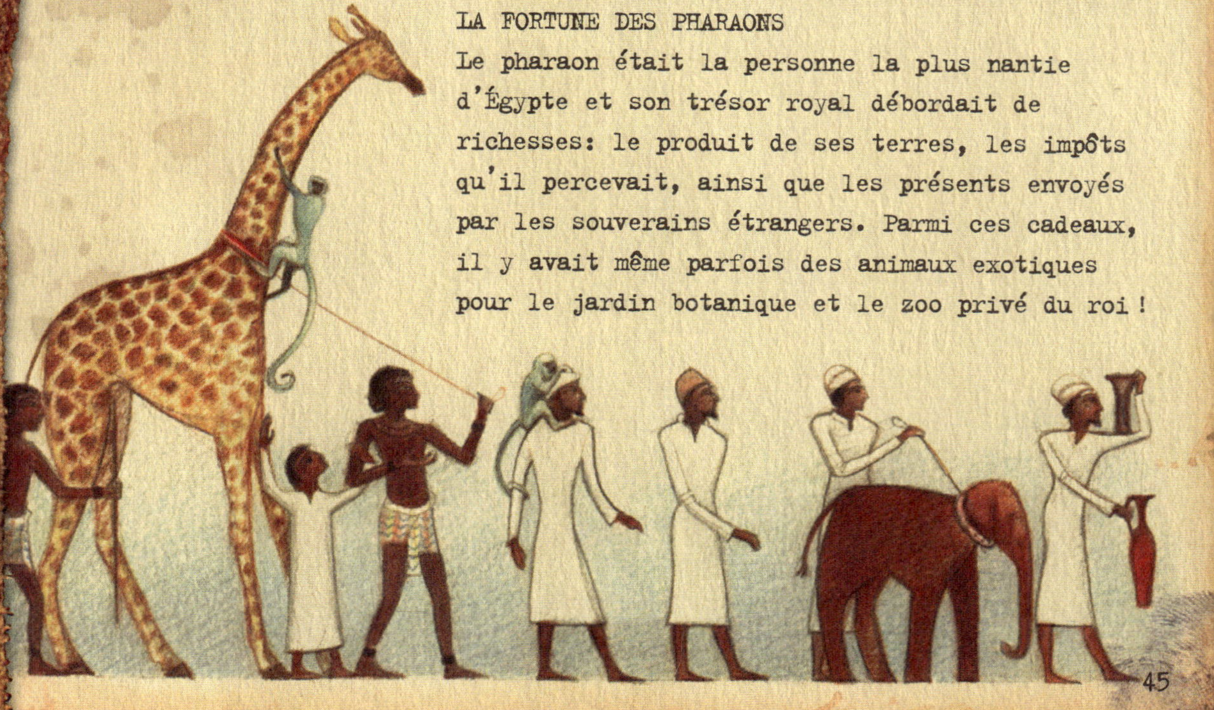

LA FORTUNE DES PHARAONS

Le pharaon était la personne la plus nantie d'Égypte et son trésor royal débordait de richesses: le produit de ses terres, les impôts qu'il percevait, ainsi que les présents envoyés par les souverains étrangers. Parmi ces cadeaux, il y avait même parfois des animaux exotiques pour le jardin botanique et le zoo privé du roi !

Leçon 18

La guerre en Egypte

Les Égyptiens de l'Ancien Empire et du Moyen Empire faisaient déjà la guerre. Mais ce n'est qu'avec le Nouvel Empire que l'Égypte devint une véritable puissance militaire. À cette époque-là, l'armée égyptienne avait des armes sophistiquées, y compris le char à roues et l'arc composite. Dans cette armée, on trouvait des appelés, des soldats professionnels égyptiens et des mercenaires étrangers. Tous étaient dirigés par un général, directement sous les ordres du pharaon.

Ramsès II dans son char de guerre

LA CONSTITUTION DE L'ARMÉE

L'armée de Ramsès II était répartie en quatre divisions de 5000 hommes. Ces divisions étaient elles-mêmes partagées en 20 compagnies de 250 hommes. Enfin, il y avait de plus petits groupes, de 50 hommes, qui obéissaient au même capitaine, «le meilleur des 50».

Cette scène figure dans le temple de Ramsès II à Abou Simbel. On y voit le roi, seul, chargeant l'ennemi lors de la bataille de Kadesh. C'est après cette bataille que fut signé un traité de paix entre les Hittites et les Egyptiens.

ACTIVITÉ: Voici les armes répandues dans le Moyen et le Nouvel Empire. Mettez un nom sur chacune d'entre elles. Vous avez le choix entre: hache, poignard, lance, bâton de jet, Khépesh, arc et flèche.

RÉPONSE: 1. Khépesh; 2. Poignard; 3. Bâton de jet; 4. Hache; 5. Arc et flèche; 6. Lance.

Leçon 19

Comprendre les hiéroglyphes

Les hiéroglyphes étaient utilisés pour l'écriture sacrée, pratiquée par les prêtres et les scribes. On ne réussit à les déchiffrer qu'au XIXe siècle, grâce à la découverte par des soldats français de la pierre de Rosette. Sur ce bloc de granit était gravé un texte en deux langues: le grec ancien et l'égyptien, et en trois écritures: le grec ancien, le démotique, écriture courante de l'Égypte ancienne, et en hiéroglyphes, écriture sacrée.

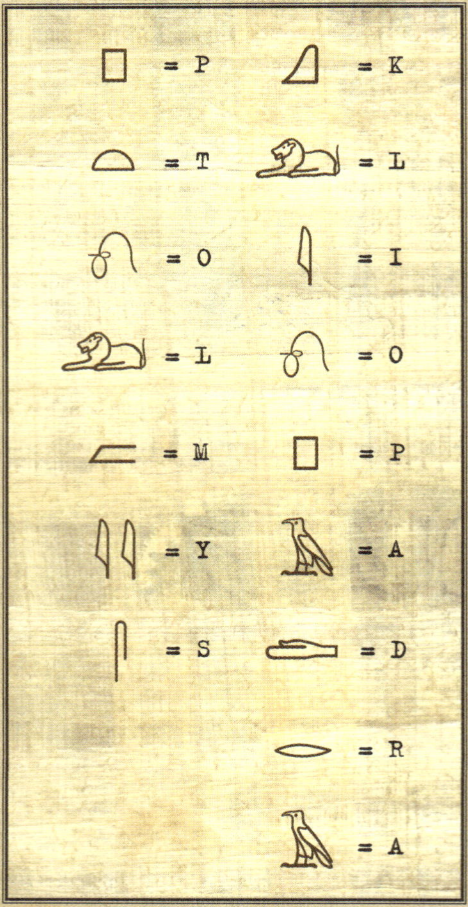

CHAMPOLLION
Celui qui déchiffra enfin la pierre de Rosette s'appelait Jean-François Champollion. Il comprit que la plupart des hiéroglyphes correspondaient à un son. Il «traduisit» ces hiéroglyphes en lettres de notre alphabet qui représentent approximativement le même son. Il découvrit que certains noms spéciaux, comme les noms des pharaons, étaient inscrits dans des ovales appelés cartouches. Sachant cela, il compara les trois textes de la pierre de Rosette, et aussi les deux noms inscrits sur la pierre aux deux mêmes noms qui figuraient sur un obélisque de Philae. Il parvint alors à identifier deux noms royaux: Ptolémée et Cléopâtre.

= I = MN = N = MR = RA = MS = SS

Ci-dessus, le nom de Ramsès-Meryamon, l'un des noms de Ramsès II, qui fit construire Abou Simbel. Comme cela se faisait alors, le nom du dieu Amon est inscrit en premier, mais se prononce à la fin.

ACTIVITÉ: Traduisez ces noms de pharaons de la XIXe dynastie.

NOTE: Pour vous aider, vous trouverez tous les signes nécessaires sur la page suivante.

 = PR

 = AA

Les rois d'Egypte furent appelés pharaon par les Grecs, du titre « Per Aâ » qui signifie « Grande Maison ».

Leçon 20
Écrire en hiéroglyphes

Les hiéroglyphes sont des images symboles. La plupart de ces symboles correspondant à un son, ce sont des phonogrammes. Ils peuvent se combiner avec d'autres symboles pour former un mot. Par exemple, le symbole 𓂋 (r) et le symbole 𓈖 (n) peuvent former le mot 𓂋𓈖 (rn), qui signifie « nom ». On ne sait pas comment les Égyptiens prononçaient ce mot, alors on ajoute un « e » à « rn » pour faire « ren », plus facile à exprimer.

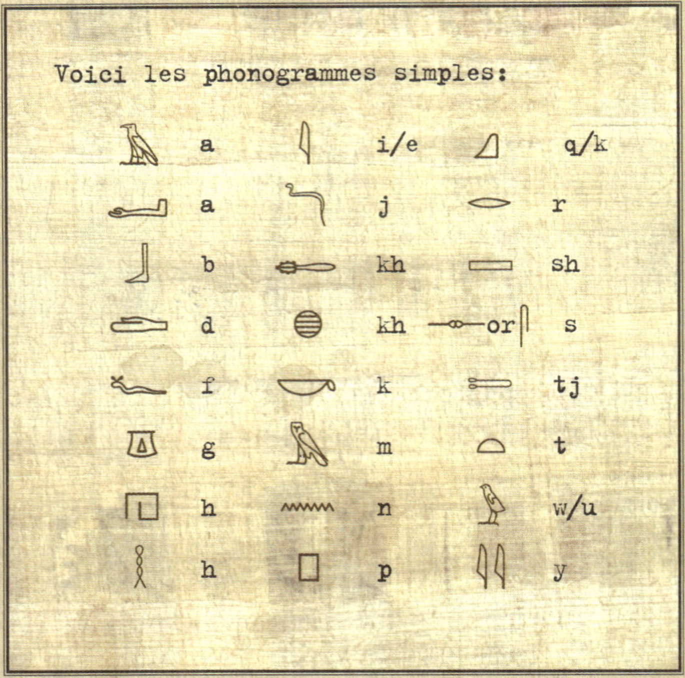

En plus de ces phonogrammes simples, des symboles représentaient plusieurs sons: les groupes syllabiques. Par exemple, les symboles 𓉐 (pr), 𓄤 (nfr) et 𓋹 (ankh). Ici aussi on ajoute un « e » aux deux premiers, pour les prononcer « per » et « nefer ».

Voici des groupes syllabiques:

aa	nb	djd
wr	ib	sw
jw	mr	ntjr
thut	ms	mn
khnm	hat	shpsy
akh	hka	iun
shma	ankh	mr

Jusqu'ici, nous avons vu que les hiéroglyphes égyptiens représentent des sons ou des combinaisons de sons. Écrits ensemble, ces symboles forment des mots, comme dans notre alphabet. Mais les Égyptiens utilisaient également des symboles appelés déterminants ou idéogrammes. Ces symboles représentaient une chose ou une idée, et étaient généralement placés à la fin des mots. Ainsi, ⊗ dans un mot signifie qu'il s'agit d'un lieu ou d'une ville et indique le mouvement. Voici le nom de deux villes: = Djedou (Busiris) et = Abdjou (Abydos).

Voici quelques idéogrammes:

homme	femme	mouvement	petit, faible
dieu	soleil, Rê	pluriel	idée abstraite

RÉPONSE POUR LES HIÉROGLYPHES DE PHARAONS:

1. Thoutmosis (Tht-Ms-S)
2. Khenmetamon-Hatshepsout (Khnm-T-I-Mn-N Hat-Shpsy)
3. Akhenaton (Akh-Kh-N-I-T-N + le symbole du soleil)
4. Toutankhamon-héqa iounou shemaou (T-U-T-ANKH-I-Mn-N Hka-Iun-Shma)
5. Ramsès-Meryamon (Ra-Ms-S-Sw Mr-I-Mn-N)

N'oubliez pas que Ptah, Aton et Amon s'écrivent en début de nom.

Sur cette carte, les sites sont associés à certains dieux égyptiens.

Partie III.

Dieux et religion en Egypte ancienne

Les Égyptiens avaient de nombreux dieux: dieux nationaux, comme Amon, Mout, Ptah et Rê, mais aussi dieux locaux, en fonction des villes ou des villages. Certains dieux étaient liés à des animaux, comme Sobek, le dieu crocodile. D'autres divinités étaient associées à des métiers (Anubis, dieu des embaumeurs) ou à certains aspects de la vie ou de la mort (Osiris règne sur le royaume des morts). Avec autant de dieux, les paysages d'Égypte étaient parsemés de temples, et les fêtes et les réjouissances étaient nombreuses.

« Tu te lèves en beauté sur l'horizon du ciel,
Ô vivant Aton, source de vie !
Quand tu te lèves à l'horizon, vers l'Orient,
Tu remplis chaque pays de ta beauté.
Tu es beau, grand, radieux,
Là-haut, au-dessus de chaque pays. »

L'Hymne à Aton , vers 1330 av. J.-C.

Leçon 21

Les dieux de l'Egypte ancienne

Les Égyptiens avaient de nombreuses croyances. Mais un Égyptien ordinaire ne priait pas tous ces dieux à la fois. La plupart du temps, il adressait ses prières à une divinité locale ou à une « famille ». On ne priait certains dieux qu'à des moments précis, pour leur demander de l'aide. Par exemple, la déesse Taweret protégeait les femmes pendant la grossesse, Bès veillait sur les foyers, tandis qu'Osiris (à gauche) régnait sur le royaume des morts.

Les Egyptiens construisaient de nombreux temples. Celui-ci, à Philae, a été photographié avant d'être englouti par les eaux du barrage d'Assouan, en 1902.

ACTIVITÉ: Les dieux de l'Égypte étaient souvent regroupés en triades, composées de trois dieux: un père, une mère et un enfant. Essayez de faire correspondre chaque description à un dieu de la triade ci-dessous.

Amon était vénéré à Thèbes comme le roi des dieux.
Mout, une mère-déesse, était parfois représentée en vautour.
Khonsou, le dieu-lune, a la coiffure des enfants de l'époque.

RÉPONSE: 1. Khonsou; 2. Amon; 3. Mout.

ISIS ET OSIRIS

Les Égyptiens croyaient que leur pays avait jadis été dirigé par Osiris et son épouse et sœur Isis. Selon la légende, leur frère Seth, jaloux, tua Osiris et dispersa les morceaux de son corps.

ISIS

OSIRIS

Isis se transforma alors en cerf-volant, rassembla les morceaux du corps de son mari et leur redonna la vie. On l'appelait la Grande Magicienne.

A sa mort, Osiris devint le maître du royaume des morts. Il est souvent représenté avec la peau verte, qui évoque la renaissance et la régénération.

HORUS

Horus, dieu à tête de faucon, était le fils d'Isis et Osiris. Il se lança dans un grand combat contre Seth. Il gagna et devint roi d'Egypte.

Seth était le dieu du désert et des orages. Meurtrier d'Osiris, il était craint pour sa violence et sa férocité, mais il était admiré en même temps pour sa force et sa ruse.

SETH

Leçon 22

Un mythe égyptien

Cette histoire raconte la création de la terre et la façon dont le dieu Rê se mit en colère contre les hommes et voulut les détruire avec l'aide de sa fille, la terrible déesse Sekhmet.

Au début vivait le dieu tout-puissant Rê. Il créa les autres dieux: Shou, le vent qui souffle; Tefnout, la pluie qui tombe; Geb, la terre; et Nout, la déesse du ciel. Il créa aussi le dieu Hapi, le Nil qui coule et rend l'Égypte fertile. Puis Rê créa les hommes et toutes les choses qui existent sur terre. Rê fut pharaon pendant des milliers d'années. C'était un temps de bonté et d'abondance, dont on parle toujours avec regret.

Mais avec le temps Rê devint vieux, et les hommes ne le craignèrent plus et cessèrent de lui obéir. Rê se mit en colère et fit venir tous ses dieux. Ils lui donnèrent un conseil: « Détruis les hommes et tourne ton œil contre eux. »

Alors Rê envoya son œil contre les hommes, sous la forme de sa fille Sekhmet, la plus féroce et la plus terrible de toutes les déesses. Comme un lion fondant sur sa proie, elle s'abattit sur les peuples de la haute Égypte et de la basse Égypte, et tua tous ceux qui avaient désobéi à son père. Elle tuait tous ceux qu'elle voyait, se régalant du sang qu'elle faisait couler.

Le Nil devint rouge et Rê finit par avoir pitié des humains. Mais même lui ne pouvait arrêter les ravages de Sekhmet, qui s'était laissée emporter par sa cruauté.

Rê comprit qu'il devrait ruser pour que Sekhmet s'arrête. Il envoya des messagers prendre de l'ocre rouge dans l'île d'Éléphantine et la lui ramener dans la ville d'Héliopolis. Là-bas, des femmes avaient brassé de la bière toute la journée à la demande de Rê. On mélangea l'ocre rouge aux sept mille jarres de bière. Le liquide fut ensuite versé sur la région où Sekhmet avait prévu son prochain carnage.

Le lendemain, quand le soleil se leva, Sekhmet vit la terre recouverte de bière rouge. Croyant que c'était le sang de ceux qu'elle avait tués, elle rit aux éclats et se mit à boire. Elle but tant et si bien que la bière la rendit sans force. Elle ne pouvait plus tuer et s'endormit pour le reste de la journée. Elle revint ensuite vers son père.

Rê dit: «Tu viens en paix, ma douce», et à partir de cet instant, Sekhmet devint la déesse Hathor, aussi douce et aussi forte que l'amour. Par la suite, à chaque nouvelle année, les prêtresses d'Hathor célébraient sa fête en buvant la bière d'Héliopolis teintée d'ocre rouge d'Éléphantine.

Rê continua à gouverner, mais il perdait de sa sagesse. Aucun des autres dieux ne pouvait lui prendre sa raison, car ils ne connaissaient pas son nom secret, qui lui donnait son pouvoir. Mais Geb et Nout eurent des enfants, et des dieux et des déesses plus jeunes naquirent: Osiris, Isis, Seth et Nephtys. Isis était la plus intelligente des quatre et elle parvint à manipuler Rê pour qu'il lui dise son nom secret.

Dès lors, Rê ne fut plus pharaon, mais il s'installa dans les cieux, parcourant chaque jour le ciel et traversant le royaume des morts chaque nuit sur son bateau, emmenant avec lui les âmes des morts.

Leçon 23

Les dieux du quotidien

Les égyptologues doivent pouvoir reconnaître les dieux et les déesses, même dans les tombeaux les plus sombres. Pour y parvenir simplement, vous pouvez mémoriser le tableau ci-joint, qui vous aidera à relier à chaque image le bon nom.

Une déesse à tête de lion, qui symbolise la vengeance et mène le pharaon au combat.

SEKHMET

Cette déesse de l'amour, de la fertilité, de la musique et de la danse a des cornes de vache.

HATHOR

Puissant dieu du Nil, avec une tête de crocodile.

SOBEK

Ce dieu à tête d'ibis est très sage. C'est le patron des scribes.

THOTH

Dieu à tête de chacal, patron des embaumeurs.

ANUBIS

Un nain barbu qui protège les maisons contre le mal.

BES

Une déesse-chat qui protège le foyer et les chats domestiques.

BASTET

Bien connaître les dieux égyptiens
par Émily Sands

Ce tableau montre les dieux égyptiens les plus populaires. C'est de votre connaissance de ce tableau que pourra dépendre le succès d'une fouille ou la découverte d'un site.

RÊ
Dieu du soleil

OSIRIS
Dieu du royaume des morts

ISIS
Épouse d'Osiris

HORUS
Fils d'Osiris

SETH
Frère malfaisant d'Osiris

THOTH
Dieu des scribes et de la sagesse

HATHOR
Déesse de la musique et de l'amour

SOBEK
Dieu des crocodiles

SEKHMET
Déesse de la vengeance

ANUBIS
Dieu des embaumeurs

BASTET
Déesse des chats et des foyers

BES
Dieu de la maisonnée

Leçon 24

Les temples égyptiens

Les temples égyptiens étaient appelés les «châteaux des dieux». Des prêtres et des domestiques s'occupaient avec beaucoup d'attention des statues divines. Les Égyptiens de classe moyenne ne pouvaient se rendre que dans le jardin extérieur du temple, et seulement pendant les fêtes. Plus on s'approchait du centre du temple, plus les lieux étaient sacrés. Seuls les prêtres les plus importants et le roi lui-même avaient le droit d'entrer dans le sanctuaire, où se trouvait la place sacrée du dieu, le naos.

LES CULTES

Trois fois par jour, le grand prêtre prenait soin du dieu, lui apportant des offrandes: nourriture, boissons, parfums et fleurs. Le grand prêtre retirait la statue du dieu de son emplacement sacré. Il lui enlevait ses vêtements et la lavait, lui maquillait les yeux et l'habillait de vêtements propres. Enfin, on présentait à la statue un repas symbolique. On ne lui donnait jamais de poissons, qui n'étaient pas dignes d'être une offrande.

Ci-dessus, les prêtres habillent la statue d'Horus dans le temple d'Edfou.

La vue extérieure du temple d'Horus, à Edfou, est impressionnante. Les colonnes principales sont décorées de grands reliefs montrant Ptolémée XII (qui acheva la construction du temple) avec les dieux Horus et Hathor.

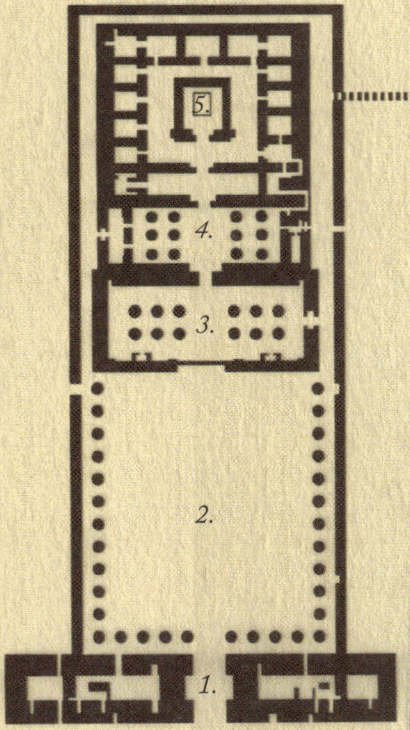

Le temple d'Horus à Edfou

Nous avons visité le temple d'Horus, qui est incroyablement bien conservé. On peut facilement imaginer sa splendeur d'autrefois !

1. *Entrée avec colonnes*
2. *Jardin*
3. *Salle hypostyle*
4. *Antichambre*
5. *Naos, ou sanctuaire*

ACTIVITÉ: Devinez quelles sont les quatre offrandes qui ont pu être données à Horus dans son temple d'Edfou.

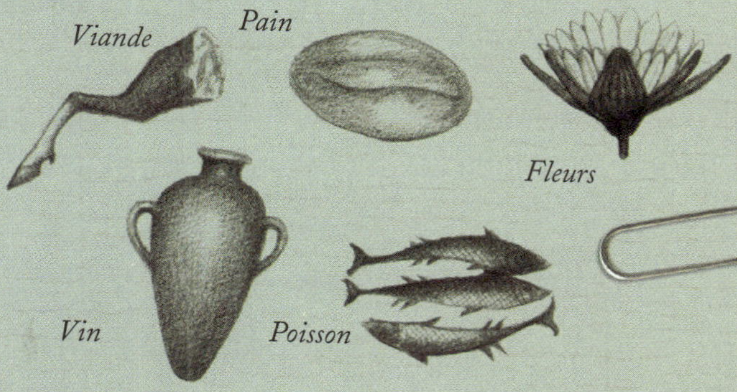

RÉPONSE: Le poisson n'était pas digne d'être offert aux dieux.

Leçon 25

Les fêtes religieuses

À côté des rituels secrets dans les temples, de nombreuses fêtes annuelles ponctuaient la vie religieuse égyptienne. Il y avait plus de cinquante fêtes par an. Les Égyptiens utilisaient un calendrier comme le nôtre, avec un cycle de 365 jours: 360 jours ordinaires, et 5 jours sacrés, dédiés à Osiris, Isis, Horus, Seth et Nephtys.

LA FÊTE DE LA BELLE RENCONTRE

Cette fête célébrait le mariage du dieu Horus avec la déesse Hathor. On retirait la statue d'Horus du temple d'Edfou et on l'emmenait à la rencontre de la statue d'Hathor, qui était transportée sur le fleuve depuis Dendérah, 160 km plus loin. On offrait à manger et à boire à tous les pèlerins. Je suis sûre que cette fête plaisait beaucoup !

LA FÊTE DE L'OPET
Cette fête très vivante permettait d'honorer les dieux de Karnak et de renouveler les pouvoirs du pharaon. Les représentations des dieux étaient transportées en bateau depuis Karnak jusqu'au temple de Louxor. Là, le roi se retirait avec les statues pour réaliser un rite secret. L'Opet était aussi l'occasion pour les Égyptiens de consulter un oracle: quand une statue passait devant eux, les gens lui posaient une question. Elle se penchait en avant pour dire «oui» et reculait pour dire «non».

LA FÊTE SED
Tous les trente ans, un pharaon devait se soumettre à la fête Sed (ci-dessus) pour montrer qu'il était toujours suffisamment puissant pour gouverner l'Égypte. Que connaissez-vous de cette fête?

Leçon 26

La vie après la mort

Avant le début du Nouvel Empire, les Égyptiens avaient commencé à croire qu'il existait une vie après la mort, qui, bizarrement, ressemblait beaucoup à la vie en Égypte ! Ce pays, où les âmes des morts profitaient de la vie éternelle avec Osiris, maître des lieux, s'appelait le Champ des roseaux. C'était un pays de bonheur et d'abondance, où les cultures poussaient à foison, où le travail était facile et la vie agréable.

L'ENTERREMENT

Une fois la momie emmenée dans son tombeau, les prêtres réalisaient un rituel appelé l'Ouverture de la bouche. Cela permettait à l'esprit du mort (*Ba*) de s'échapper de son corps. Plus tard dans la cérémonie, on offrait au défunt des objets dont il aurait besoin dans sa seconde vie.

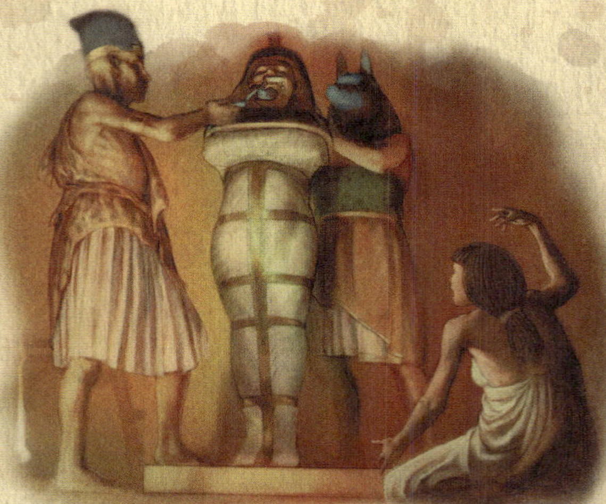

Ces illustrations présentent la cérémonie de l'Ouverture de la bouche (ci-dessus) et Horus menant un homme mort, Ani, vers Osiris, dieu de la vie éternelle (à gauche).

LE JUGEMENT DES MORTS

On pensait que les morts étaient jugés, afin de savoir s'ils étaient sincères. Le cœur de chaque mort était pesé à l'aune de la plume de Maât, c'est-à-dire de la vérité: Anubis le plaçait sur une balance, tandis que Thot, dieu de la sagesse à tête d'ibis, notait le verdict.

ACTIVITÉ: Lors du jugement de leur âme, les Égyptiens pensaient qu'il devraient faire une « confession négative ». Ils devaient énumérer les choses qu'ils n'avaient pas faites lorsqu'ils étaient vivants. L'une des phrases ci-dessous n'est pas une vraie confession négative. Trouvez-la, mais faites attention ! si vous vous trompez, Thot lâchera peut-être sur vous Ammit le dévoreur !

1. « Je n'ai pas tué d'homme. »
2. « J'ai emprunté le parfum préféré du pharaon. »
3. « Je n'ai laissé personne avoir faim. »
4. « Je n'ai pas dérobé les gâteaux des dieux. »
5. « Je n'ai pas pris le lait dans la bouche d'un bébé. »
6. « Je n'ai pas chassé de bêtes de leur pâture. »

RÉPONSE: Il s'agit de la deuxième confession.

Leçon 27

Les momies

À l'époque prédynastique, les Égyptiens enterraient leurs morts dans le sable sec qui les conservait, souvent pendant des milliers d'années. Mais parfois, les animaux du désert déterraient les corps, aussi les Égyptiens commencèrent à les placer dans des cercueils. Malheureusement, les corps se décomposaient vite. C'est alors qu'a été inventé un moyen de protéger les chairs, en les embaumant, puis en les momifiant.

Pour l'embaumement, on retirait plusieurs organes du corps, comme le cerveau, qu'on faisait sortir par le nez à l'aide d'un crochet, ci-dessous.

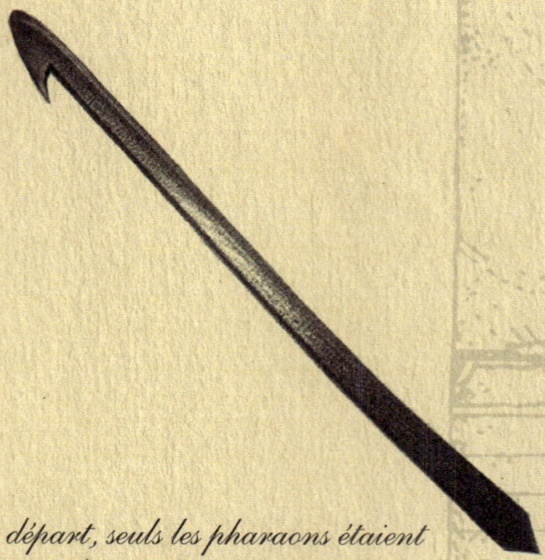

Au départ, seuls les pharaons étaient momifiés. L'image ci-contre représente la momie de Ramsès II. Par la suite, la plupart des Egyptiens purent être momifiés.

LES VASES CANOPES

Après avoir retiré les organes du corps, on les plaçait dans des jarres protégées par quatre dieux: Douamoutef, dieu à tête de chacal (estomac); Amset, dieu à tête humaine (foie); Hapi, dieu à tête de singe (poumons) et Qebehsenouf, dieu à tête de faucon (intestins).

Amset

Douamoutef

Hapi

Qebehsenouf

LA MOMIFICATION

Pour les pharaons et pour les personnes riches, on suivait généralement les étapes suivantes: tout d'abord, on en lavait le corps et on retirait les organes. Ceux-ci étaient conservés dans des vases canopes, excepté le cerveau, qui était jeté. Ensuite, le corps était couvert d'un sel spécial, le natron et on le laissait sécher pendant quarante jours. Puis il était enveloppé dans du lin et enfin, dans un drap.

ACTIVITÉ: Mettez ces images d'une momification dans l'ordre.

A.

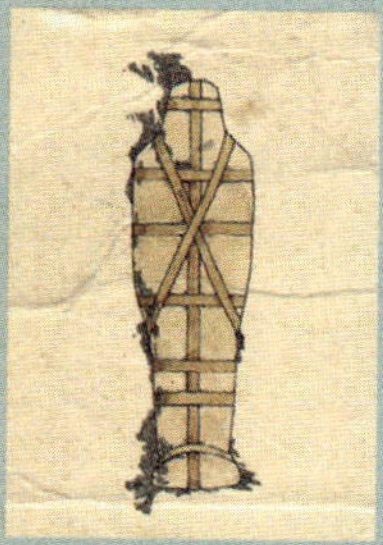

B.

C.

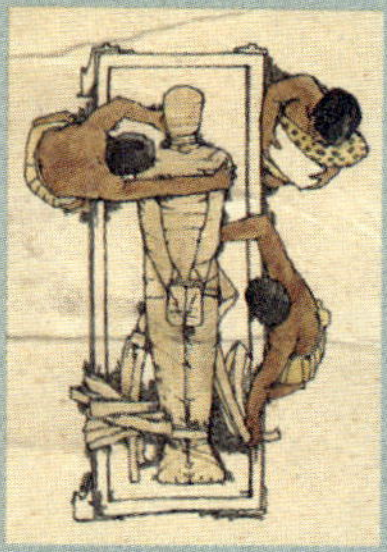

D.

RÉPONSE: D, B, C, A.

Leçon 28

L'enterrement d'un roi

Un enterrement royal était une grande entreprise et son organisation (y compris la construction du tombeau et la création des objets précieux qui seraient enterrés avec la momie) pouvait prendre des décennies. Souvent, les rois commençaient les préparatifs de leurs funérailles quand ils étaient encore jeunes. Les derniers arrangements se faisaient pendant les soixante-dix jours de momification. Quand la momie était prête à être enterrée, une procession très élaborée l'emmenait jusqu'à son tombeau.

Dans son cercueil en or, la momie du roi était posée sur un traîneau et tirée par des bœufs. Des pleureurs professionnels suivaient la procession, pleurant, gémissant et se jetant de la terre sur la tête. Les prêtres menaient les rituels, brûlaient de l'encens et faisaient des offrandes. On emmenait aussi les objets dont le mort aurait besoin dans sa vie éternelle, afin qu'ils soient enterrés avec lui.

1. Temple de la vallée
2. Chaussée
3. Temple funéraire
4. Mur d'enceinte
5. Pyramide

Le corps du roi Mykérinos fut transporté par bateau vers son temple de la vallée, sur les rives d'un canal creusé à partir du Nil. Ensuite, il fut emmené en procession le long de la chaussée couverte menant du temple au principal ensemble de pyramides. A l'intérieur de ce complexe se trouvait un temple funéraire, où on déposa la momie le temps des cérémonies et des offrandes. Enfin, celle-ci fut placée dans sa chambre mortuaire dans la pyramide principale.

ACTIVITÉ: D'après la description, tracez sur le plan ci-dessus le chemin parcouru par la procession funéraire du roi, depuis son temple de la vallée jusqu'à sa chambre mortuaire dans la pyramide.

Leçon 29

Les momies animales et le Serapeum

Les humains n'étaient pas les seuls à être momifiés. Le Serapeum, qui se trouve à Saqqarah, fait partie des nombreuses catacombes regroupant les restes momifiés d'animaux. Le célèbre archéologue français Auguste Mariette découvrit, en 1851, ces cryptes qui abritent d'immenses cercueils taillés dans des blocs de granit, construits pour contenir les momies des taureaux sacrés d'Apis.

Les taureaux d'Apis étaient vénérés, car ils étaient les incarnations vivantes du dieu Ptah.

LE SERAPEUM

Le Serapeum fut agrandi par le prince Khaemwaset, un des nombreux fils de Ramsès II. Il était grand prêtre de Ptah, et donc responsable des taureaux Apis. Certains savants pensent que la momie humaine trouvée dans le Serapeum est celle de Khaemwaset, qui mourut avant de pouvoir hériter du trône de son père.

Parfois, les animaux momifiés étaient placés dans des cercueils en bronze comme celui-ci.

Certains animaux étaient associés à des dieux. On pouvait acheter des animaux momifiés et en faire des offrandes au temple pour honorer un dieu en particulier. Mais quand certaines momies furent ouvertes, on s'est rendu compte qu'elles étaient fausses... Apparemment, il y avait des vendeurs de momies malhonnêtes !

ACTIVITÉ: Devinez quels animaux ont été momifiés sous ces bandelettes. Indices: il y a un chat, un ibis, un babouin, un serpent et un taureau d'Apis.

1.

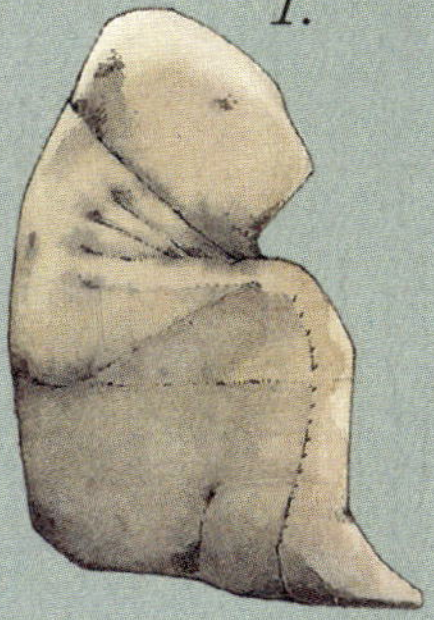

2.

3.

4.

5.

RÉPONSE: 1. Babouin; 2. Chat; 3. Taureau d'Apis; 4. Ibis; 5. Serpent.

Leçon 30

L'hérésie d'Amarna

La période d'Amarna, pendant le règne du « pharaon hérétique » Akhenaton, intrigue et divise encore les savants. Le roi Aménophis IV interdit de vénérer les nombreux dieux de l'Égypte ancienne, à l'exception d'Aton. Le pharaon changea donc son nom et devint Akhenaton. Il fit construire une nouvelle capitale à mi-chemin entre Memphis et Thèbes, à Tell el-Amarna, et l'appela Akhetaton, « l'horizon d'Aton ».

LE ROI AKHENATON

Les représentations d'Akhenaton réalisées pendant la période d'Amarna lui donnent une apparence particulière: sa tête est très allongée. Certains savants se demandent si Akhenaton n'aurait pas souffert de déformations physiques. Mais d'autres pensent que le style artistique de l'époque se distinguait par une grande rupture avec la tradition, et qu'Akhenaton avait donc un physique normal.

Ce croquis est la copie d'un relief représentant Akhenaton, trouvé sur les murs d'Akhetaton. On y voit le roi, sa femme Néfertiti et leurs filles en train de vénérer Aton, représenté par les rayons de soleil.

CE QUE DEVINT AKHENATON

Quand Akhenaton mourut, le pays retourna à son ancienne religion et à sa première capitale. Les générations suivantes rejetaient violemment le « roi hérétique »; son nom et ses monuments furent dégradés afin d'effacer toutes les traces qu'il avait laissées. L'enfant-roi Toutankhamon, « image vivante d'Amon », probablement fils d'Akhenaton, portait à l'origine le nom de Toutankhaton, « image vivante d'Aton »: ainsi, la révolution d'Akhenaton fut très vite et très profondément reniée.

ACTIVITÉ: Les noms étaient très importants en Égypte. Aménophis IV (« Amon est en paix ») changea le sien pour devenir Akhenaton (« serviteur d'Aton »). D'après votre connaissance des dieux égyptiens, trouvez quels noms appartiennent à la période d'Amarna.

1. Méritaton (« bien-aimée d'Aton »)
2. Ptah-Hotep (« Ptah est en paix »)
3. Sit-Hator (« fille d'Hathor »)
4. Ankhesenpaaton (« qu'elle vive pour Aton »)

RÉPONSE: 1 et 4.

Annexe 1

Chronologie de l'Egypte ancienne

Note: Les dates sont généralement des estimations, surtout pour les périodes les plus anciennes.

PÉRIODE PRÉDYNASTIQUE,
5000 – 3200 av. J.-C.

PÉRIODE ARCHAÏQUE,
3200 – 2650 av. J.-C.

2950 av. J.-C. Premiers textes écrits à Abydos.

2900 av. J.-C. Règne de NARMER (Ménès ?), premier roi de l'Égypte unifiée. La capitale du pays est installée à Memphis.

ANCIEN EMPIRE, 2650 – 2150 av. J.-C.

2630 av. J.-C. Pyramide à degrés de DJOSER, première construction monumentale en pierre du monde, bâtie par Imhotep.

2550 av. J.-C. Grande pyramide de KHÉOPS, suivie des pyramides de KHÉPHREN et MYKÉRINOS, à Gizeh.

2150 av. J.-C. La mort de PÉPI II après un règne de 94 ans marque la fin de l'Ancien Empire.

PREMIÈRE PÉRIODE INTERMÉDIAIRE,
2150 – 2040 av. J.-C.

2150 av. J.-C. Le pouvoir central se dissout, créant un grand désordre politique. Le royaume n'est plus uni sous un seul roi.

MOYEN EMPIRE,
2040 – 1750 av. J.-C.

2040 av. J.-C. MENTOUHOTEP II, originaire de Thèbes, devient le roi de l'Égypte réunifiée. Thèbes est la nouvelle capitale.

1750 av. J.-C. Les rois de la XIIIe dynastie perdent le contrôle du pays et le Moyen Empire touche lentement à sa fin.

DEUXIÈME PÉRIODE INTERMÉDIAIRE,
1750 – 1550 av. J.-C.

1650 av. J.-C. Les rois Hyksos, dont le royaume se situe au nord, vers Avaris, s'emparent de Memphis.

1540 av. J.-C. KAMÔSE, roi de Thèbes, mène son armée à la ville d'Avaris.

NOUVEL EMPIRE,
1550 - 1070 av. J.-C.

1550 av. J.-C. Le roi AHMOSÉ réunifie l'Égypte.

1500 av. J.-C. THOUTMOSIS I décide de créer la Vallée des Rois et fonde la village de Deir el-Medineh.

1480 av. J.-C. La reine HATSHEPSOUT accède au trône.

1450 av. J.-C. Sous le règne de THOUTMOSIS III, le royaume d'Égypte s'étend à l'ouest, jusqu'à l'Euphrate.

1350 av. J.-C. AMÉNOPHIS IV se rebaptise AKHENATON, interdit les anciens dieux pour n'en garder qu'un seul, Aton, et construit une nouvelle capitale, Akhetaton.

1330 av. J.-C. Sous TOUTANKHAMON, le culte des anciens dieux est restauré. Thèbes redevient la capitale de l'Égypte.

1275 av. J.-C. RAMSÈS II combat les Hittites à la bataille de Kadesh. Il fait construire beaucoup de monuments en son honneur, dont le temple d'Abou Simbel.

1180 av. J.-C. RAMSÈS III repousse les invasions des Peuples de la Mer. C'est le dernier grand pharaon d'Égypte.

TROISIÈME PÉRIODE INTERMÉDIAIRE,
1070 - 712 av. J.-C.

1070 av. J.-C. Le pouvoir des rois s'amoindrit et le royaume tombe sous domination assyrienne.

BASSE ÉPOQUE, 712 - 332 av. J.-C.

664 av. J.-C. PSAMMÉTIQUE Ier réunifie l'Égypte, qui finit quand même par céder devant les souverains perses et gréco-romains.

PÉRIODE GRÉCO-ROMAINE,
332 av. J.-C. - 395

332 av. J.-C. ALEXANDRE Ier envahit l'Égypte. Le pays est dirigé par les Ptolémées, dont le dernier représentant sera CLÉOPÂTRE VII.

Annexe 2

Brève histoire de l'égyptologie

Les premiers historiens et archéologues à s'intéresser à l'Égypte ancienne étaient... les Égyptiens eux-mêmes ! Depuis l'Ancien Empire, des voyageurs et des touristes laissèrent des traces de leur passage sur certains sites historiques, et certains monuments furent même couverts de graffitis grecs et romains ! Les Européens commencèrent à s'intéresser à l'Égypte après le passage des armées de Napoléon, au début du XIXe siècle. Les savants qui voyageaient avec Napoléon rapportèrent par écrit leurs fabuleuses trouvailles.

Giovanni Battista Belzoni
1778 - 1823

Belzoni transporta en Angleterre de nombreuses statues magnifiques, mais ses méthodes abîmaient souvent les œuvres.

Auguste Mariette
1821 - 1881

Auguste Mariette fouilla plusieurs sites archéologiques et fonda le service des antiquités et le Musée égyptien.

Amelia B. Edwards
1831 - 1892

Amelia Edwards fit un récit de son voyage en Egypte et créa le fonds pour l'exploration de l'Egypte.

William Matthew Flinders Petrie
1853 -

Flinders Petrie développa plusieurs méthodes archéologiques nouvelles. Il utilisa la poterie pour la datation périodique.

Howard Carter
1874 -

Howard Carter est connu pour avoir découvert la tombe de Toutankhamon.

CHRONOLOGIE DES DÉBUTS DE L'ÉGYPTOLOGIE

1400 av. J.-C. Celui qui allait devenir Thoutmosis IV déblaie le sable qui a commencé à ensevelir le Sphinx.

1280 av. J.-C. Le prince Khaemwaset, fils de Ramsès II, fait graver des inscriptions sur des monuments anciens à Saqqarah. Elles indiquent qu'il les a restaurés au nom de son père.

450 av. J.-C. L'historien grec Hérodote fait un récit contemporain de l'Égypte dans *Histoires*.

300 av. J.-C. Le prêtre égyptien Manéthon écrit une *Histoire de l'Égypte*. Il divise ses listes de rois en 30 dynasties.

1150 Un docteur iraquien, Abd el'Latif, raconte son voyage sur les différents sites de l'Égypte ancienne.

1639 John Greaves, un mathématicien anglais, fait le premier relevé scientifique du plateau de Gizeh.

1745 Le révérend Richard Pococke publie un récit en deux volumes de son voyage en Égypte.

1790 James Bruces publie son *Voyage à la découverte de la source du Nil*.

1798 Les bateaux de Napoléon arrivent en Égypte avec une équipe de 167 savants. Ceux-ci raconteront leurs découvertes dans *La Description de l'Égypte*.

1822 Le Français Jean-François Champollion écrit sa « Lettre à M. Dacier », qui explique la méthode de traduction des hiéroglyphes.

Le *Bennu Bird*,
Le 5 janvier 1927

Mes chers neveu et nièce,

Maintenant que vous avez lu mon livre, vous devez en connaître, des choses, sur l'égyptologie et sur l'Égypte ancienne ! Ce sont des sujets terriblement excitants et, dans leurs musées et leurs universités, les égyptologues font sans cesse de nouvelles découvertes. Sans leur travail, tous ces objets rares et ces antiquités, qui nous permettent de comprendre la vie des gens qui vivaient ici il y a des milliers d'années, seraient peut-être perdus !

Pour contrôler les crues du Nil, les autorités égyptiennes durent construire un barrage sur le fleuve, près de la première cataracte, à Assouan. L'eau a monté derrière le barrage et a commencé à recouvrir des sites historiques importants, comme le temple de Philae. Des temples comme celui-là pourraient être perdus pour toujours sans sauvetage archéologique. Alors si vous voulez devenir égyptologues quand vous serez grands, je vous y encourage de tout mon cœur !

Je vous embrasse,

Emily

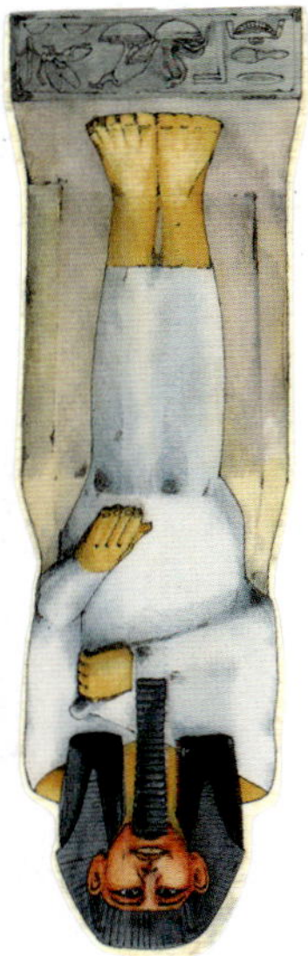

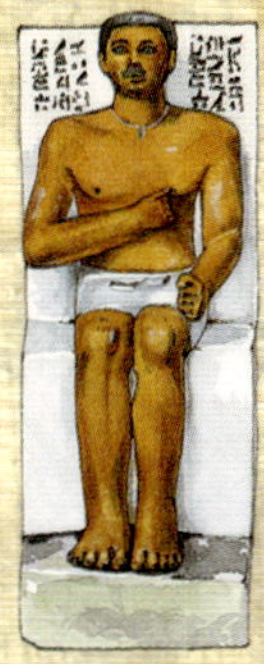

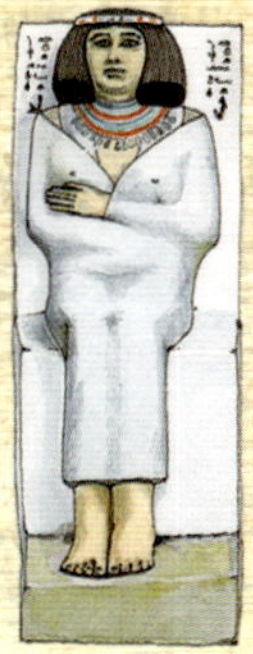

FRAPPEZ AVANT D'ENTRER.

ÉGYPTOLOGUE
AU TRAVAIL

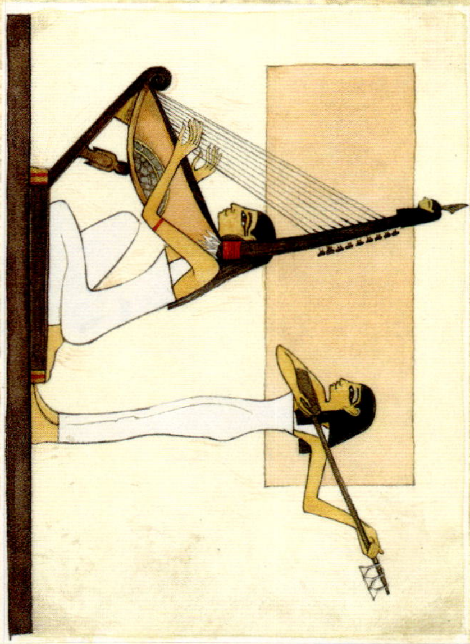

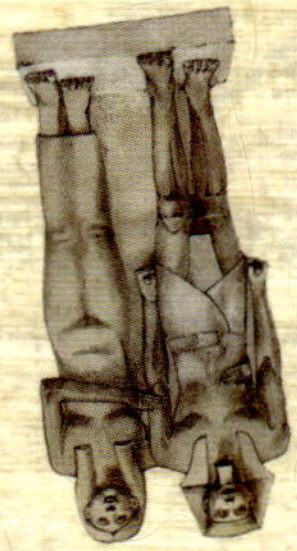

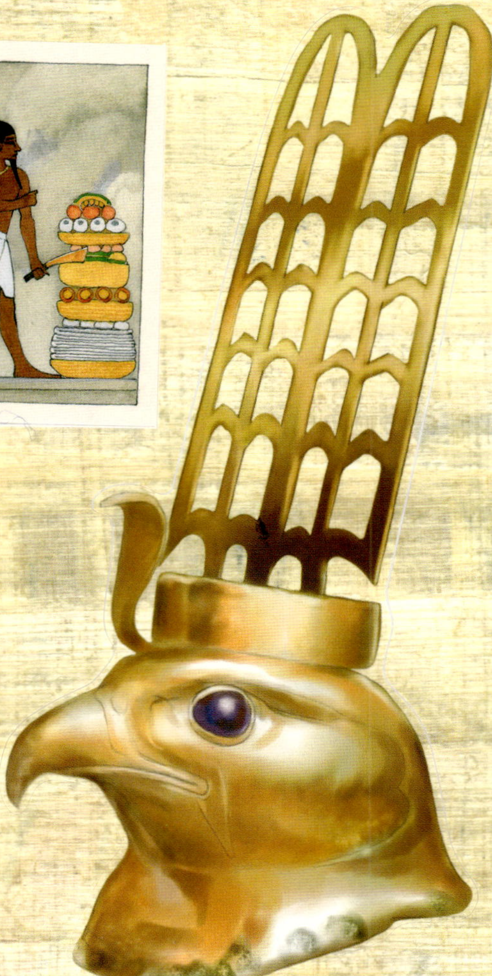

Sans un effort des égyptologues, le temple d'Isis, à Philae, déjà en partie recouvert par les eaux, pourrait être perdu à tout jamais...

LE BARRAGE D'ASSOUAN
Le barrage d'Assouan a été construit en 1902 pour contrôler les eaux du Nil, qui inondaient régulièrement la région. Il doit aider l'Égypte à se développer et à devenir un pays où la sécheresse et la famine appartiendront au passé.

NOTE DE L'ÉDITEUR
Nous avons reproduit le journal d'Émily Sands comme il a été découvert. Ainsi, l'égyptologie se présente telle qu'elle était en 1926. Mais il existe de nombreux livres plus modernes et d'excellente qualité. Notons que le temple d'Isis, à Philae, auquel Miss Sands fait référence fut finalement sauvé des eaux du Nil quand le grand barrage d'Assouan a été construit. On l'a déplacé pierre par pierre sur une île voisine plus élevée, tout comme le temple d'Abou Simbel, qui fut également reconstruit plus haut.

T.G.H. JAMES

Le 8 mars 2005,

Cher lecteur,

Émily Sands n'était pas diplômée en égyptologie, même si elle avait beaucoup lu sur le sujet, rencontré des savants très importants et assisté à de nombreuses conférences sur l'Égypte ancienne. De toute évidence, elle en savait beaucoup, mais peut-être pas autant qu'elle pouvait se l'imaginer. Les fruits de son savoir sont exposés dans ce livre. S'il vous a plu et si vous voulez en apprendre plus, encore plus qu'Émily Sands, ou devenir égyptologue vous-même, alors allez le plus souvent possible dans des musées où vous pourrez voir des antiquités égyptiennes, lisez les livres très utiles qu'on trouve dans les bonnes librairies et les bibliothèques, et écrivez de temps en temps de petites rédactions sur ce que vous avez vu et ce qui vous a plu. Vous ne deviendrez peut-être pas égyptologue professionnel, mais vous pourrez toujours apprécier l'Égypte et ses œuvres superbes.

Avec tous mes vœux de réussite,

Ancien conservateur des Antiquités égyptiennes au British Museum